Jean-Claude Barreau

Die unerbittlichen Erlöser

Vom Kampf des Islam gegen die moderne Welt

Deutsch von
Verena Vannahme

Rowohlt

Die Originalausgabe erschien 1991 unter dem Titel
«De l'islam en général et du monde moderne en particulier»
im Verlag Belfond – Le Pré aux Clercs, Paris.

Redaktion Michael Marek

1. Auflage August 1992

Einbandgestaltung Ingrid Albrecht
(Foto: Abbas/Magnum-FOCUS)
Gesetzt aus der Walbaum (Linotronic 500)
Gesamtherstellung Clausen & Bosse, Leck
Printed in Germany
ISBN 3 498 00567 7

Jean-Claude Barreau

Die unerbittlichen Erlöser

Inhalt

I. Die fromme Legende

Mit dem Kollaps des Kommunismus im Jahre 1990 schien der liberale Westen als einziger Herrscher über den Planeten übrigzubleiben. Der Staub dieses ungeheuren Zusammenbruchs hatte sich noch nicht ganz gelegt, da ertönten aus dem südlichen und östlichen Mittelmeerraum sonderbare Schreie: «Allahu akbar! Allahu akbar!», das heißt: «Gott ist größer.» In der modernen Welt erinnerte man sich bei dieser Gelegenheit, früher einmal gottesfürchtig gewesen zu sein, und manche unserer Kinder sind es ja immer noch. Doch für die meisten Menschen des Abendlandes schien dieses Geschrei muslimischer Ayatollahs eine unerhörte Provokation.

Während man unter den modebewußten Intellektuellen die Verwässerung aller Ideologien, ja sogar das «Ende der Geschichte» feierte, tauchte plötzlich aus der historischen Tiefe von dreizehn Jahrhunderten eine «starke» Ideologie auf (stark in dem Sinne, den etwa die Physik den Adjektiven «stark» und «schwach» beimißt). Eine Religion in ihrer ursprünglichen Form, welch eine Überraschung!

Mehr noch. Viele Muslime, vor allem solche, die sich heute am lautesten Gehör verschaffen, verschwendeten auf die westliche Moderne nicht einen Gedanken (wie es zumindest die Nomenklatura in den östlichen Ländern zu tun pflegte, selbst wenn sie sich dabei nur der üblichen kritischen Worthülsen bediente). Angeblich wandten sie sich sogar gegen die Moderne, um so wieder auf den reinen Weg des Koran zu gelangen.

Für die westliche Welt kam diese Entwicklung um so überraschender, als ihre besten Islam-Experten immer ein harmloses, ja, ein exotisches Bild dieser Religion gezeichnet hatten. Und in der Tat ist der Islam für einen Europäer eine völlig fremde Welt.

Bei Reisen in die kommunistischen Länder konnte der Europäer den Westen allemal wiederfinden, einen verarmten und altmodischen Westen zwar, doch immerhin – den Westen. Die marxistische Ideologie, prometheisch und einer «strahlenden Zukunft» verpflichtet, ist ja ganz und gar westlichen Ursprungs. In islamischen Ländern hingegen findet sich der westliche Reisende noch heute auf einem anderen Planeten wieder.

Seit langem, zumindest seit Chateaubriand, gehörte die «Reise in den Orient» zum klassischen Genre der europäischen Literatur. Politikern bot sie stets eine dankbare Gelegenheit, sich im kritischen Räsonnement selbst darzustellen.

Als Bonaparte, damals Erster Konsul, im Salon seines Bruders Lucien zum erstenmal Chateaubriand traf, faßte er den Schriftsteller bei den Schultern und erklärte ohne Umschweife, so laut, daß alle es hören konnten: «Am meisten haben mich in Ägypten diese Reiter erstaunt, die von den Pferden absteigen, um mit ihrer Stirn den Sand zu berühren. Was ist dies für eine unbekannte Kraft, die sie nach Osten hin anbeten?» Napoleon ging weiter und ließ den Schriftsteller sprachlos zurück.[1] Mit seiner Intuition und dem Gebaren des nachgeborenen Malraux hatte Bonaparte das Wesentliche begriffen.

Der Europäer mag hundert verschiedene islamische Völker besuchen, die ja keineswegs alle Araber sind (Perser und Afghanen etwa sind keine), er mag zwischen Zentralasien und dem Jemen reisen, von Samarkand bis Sana, von Norden nach Süden, oder auch zwischen Bengalen und Marokko, von Dakka bis Marrakesch – überall stößt er die gleichen Sitten, die gleichen Landschaften und die gleiche magnetische Anziehung. Ernest Psichari und T. E. Lawrence, Marschall Lyautey und Louis Massignon, Pierre Loti und René Guénon – alle diese Europäer sind von der islamischen Welt gleichermaßen fasziniert.

Es ist eine Tatsache, daß die «Orientalisten» den Abendländern jenes exotische Bild vom Islam zuerst vermittelt haben. Und diese Exotik gefiel. Sie bemächtigte sich der Phantasie der Europäer und verdrängte die mittelalterliche Vorstellung vom Muslim als Feind. So kommt es zu einer Paradoxie: Im Westen und besonders in Frankreich werden die Araber manchmal als «bougnoules», als «Kanaken» beschimpft. Sie sind ideale Opfer von Ausgrenzung und fremdenfeindlicher Demagogie. Doch gleichzeitig zollen wir der muslimischen Religion übermäßigen Respekt. Mehr noch, es ist eine Tatsache, daß der Islam von der abendländischen Wissenschaft kaum kritisiert wurde.

Der europäische Intellektuelle kann aber alles kritisieren, er darf es nicht nur, er muß es. Das ist seine Pflicht. Doch verbietet er sich, schlecht über den Islam zu reden. Selbst der erbittertste Kirchengegner verneigt sich noch mit Hochachtung vor dem Propheten Muhammad. Welch merkwürdige Zurückhaltung.

Woher stammt sie?

Häufig wird das schlechte Gewissen der ehemaligen Kolonialherren angeführt. Doch ähnliche Zögerlichkeit stellt man bereits in Chateaubriands *Erinnerungen* fest. Sie ist eben älter als die Kolonisation. Außerdem verliefen die militärischen Beziehungen zwischen dem Islam und Europa nicht immer nur in eine Richtung: Die islamische Welt wurde zwar von 1830 an (teilweise) kolonisiert (die Einnahme von Algier kann als ein symbolisches Ereignis betrachtet werden), doch war sie für viel längere Zeit eine gefürchtete Macht in weiten Teilen Europas. Noch 1917 erstreckte sich das Osmanische Reich über den Balkan bis hin zur Adria. Auch wenn die islamische Welt hundert Jahre lang kolonisiert wurde, so war sie selbst tausend Jahre Kolonialmacht, und das, im Unterschied zum modernen Europa, ohne jeden Anflug von schlechtem Gewissen.

In Wirklichkeit ist eher die allzu entgegenkommende Haltung der Orientalisten für die intellektuelle Unsicherheit Europas gegenüber dem Islam verantwortlich und weniger das schlechte Gewissen, das «Schluchzen des weißen Mannes».

Und wie erklärt sich die freundliche Haltung der Orientalisten?

In ihren Reihen läßt sich eine legitime Faszination beobachten: Experten sind immer mehr oder weniger in ihr Studiengebiet verliebt. Wären sie es nicht, wie könnten sie ihm ihr Leben widmen? Viele Experten halten selten kritischen Abstand zu ihrem Forschungsgegenstand. Unter den meisten Arabisten und Islamspezialisten gibt es ein apologetisches Bedürfnis. Sie möchten ihren Mitbürgern ein anziehendes Bild des Islam vorstellen, daher spielt die Exotik eine so wichtige Rolle. Gehen wir noch weiter: Wegen dieser Exotik, die dem Islam in der Phantasie der europäischen Intellektuellen anhaftet, droht jeder Studienanfänger von Anfang an im Objekt seiner akademischen Neugier verlorenzugehen. In seiner Einleitung zu den *Sieben Säulen der Weisheit* wies ein berühmter Arabist auf diese Art der Selbstentfremdung hin.[2] Ohne Bedauern stellte er fest, daß er der arabischen Revolte «seine Seele verkauft» habe. Konfrontiert mit dieser eigenartigen Absolutheit der muslimischen Welt, neigen die Orientalisten dazu, muslimischer als die Muslime zu werden. Manche sind dieser Versuchung ein Leben lang erlegen.

Der wirkliche Grund ihrer allzu großen Nachsicht ist folgender: Kritisiert ein Islamforscher den Islam, so riskiert er, nicht mehr in muslimische Länder reisen zu dürfen, da jede Kritik als Gotteslästerung betrachtet wird. Er schnitte sich also vom Gegenstand seiner Forschungen ab, er würde von denen als Feind betrachtet, die er liebt und die er rühmen will. Kurz gesagt, es würde ihn seinen Kopf als Forscher kosten!

Daher ist festzustellen: Selbst bei den bedeutendsten Orientalisten – Jacques Berque und Maxime Rodinson arbeiten noch heute an ihren Werken – lassen sich verstreut all jene islamkritischen Tatsachen finden, die die Grundlage dieses Essays bilden.

Doch ihre Kritik im Detail wird niemals auf den entscheidenden Punkt gebracht. Die Orientalisten kritisieren nur Kleinigkeiten, insgesamt aber bleiben sie Propagandisten. Bei herausragenden Gelehrten wie den obengenannten entschuldigt ihre Bedeutung ihr Verhalten.

Aber es gibt auch weniger gescheite Islamforscher. Der Fall Roger Garaudy ist dafür bezeichnend. Dieser achtbare Mann war jahrelang Stalinist. Die Eröffnungen Chruschtschows über den Archipel Gulag aber konnte er nicht mehr ertragen, und so wurde er Christ. Mit dem II. Vatikanischen Konzil kam Bewegung in die römisch-katholische Kirche: da bot ihm der Islam mehr Sicherheit. Würde Raja («Raja» ist sein «islamischer» Vorname) Garaudy in die Moon-Sekte eintreten, wäre das wohl ein Zeichen dafür, daß auch der Islam sich bewegte.[3]

Die explosive Mischung aus Exotik und Kampfgeist, die berechtigte Furcht, von seinem Forschungsgegenstand abgeschnitten zu werden und das schlechte Gewissen hat die Kritikfähigkeit der Europäer gegenüber dem Islam beeinträchtigt. Es ist höchste Zeit, sich davon zu befreien, zumal sich die muslimischen Länder bei uns immer kräftiger in Erinnerung bringen, vom Iran bis zum Irak, von Pakistan bis Algerien.

Zu dieser Befreiung beizutragen, ist das Ziel dieses Essays.

Hier soll der Islam untersucht werden, und zwar so, wie er wirklich ist – mit einem freundschaftlichen, doch kritischen Blick auf seine ungeheure historische Herausforderung sowie auf unsere real existierenden muslimischen Nachbarn. Viel Zeit ist nicht vorhanden – und damit sind nicht dieses oder jenes tragische Geschehen der Gegenwart gemeint. In den kommenden zwanzig Jahren werden sich die Probleme des Islam, die Beziehungen zwischen der islamischen und der modernen Welt (die heute gleichzusetzen ist mit Europa, Nordamerika und Japan) als wesentliche Fragen unseres Planeten entpuppen.

Zunächst muß mit der frommen Legende der Orientalisten Schluß gemacht werden.

Wie sieht diese Legende aus, die die Ereignisse in der muslimischen Welt für uns so schwer nachvollziehbar macht? Nun, ihr zufolge ist der Islam eine fortschrittliche und tolerante Religion.[4] Natürlich können die Orientalisten nicht leugnen, daß es fundamentalistische Verirrungen gibt. Doch für sie werden solche Randerscheinungen durch die Boshaftigkeit einer kleinen intellektuellen Minderheit (hier in Europa, versteht sich) stark übertrieben dargestellt.

Vor einigen Jahren erfanden Journalisten im Zusammenhang mit dem Libanon das Adjektiv «islamisch-progressiv» (implizit ein Gegensatz zu «christlich-reaktionär»). Diese Denkweise ist noch immer aktuell. In der Vergangenheit, so behaupten sie, hätte der Islam große Zivilisationen hervorgebracht. Als unsere Vorfahren Barbaren waren, gab es in Córdoba und Bagdad bereits eine Straßenbeleuchtung. Die Araber hätten uns alles gelehrt: von der Mathematik bis hin zu den klassischen Texten der griechischen Antike.

Fortschrittlich, tolerant und sogar friedlich, das ist der Islam seinem Mythos nach – ein Wunsch-Islam, der differenzierte und erlesene Gesellschaften hervorgebracht haben soll. Folglich empfinden kritisch-tolerante Zeitgenossen in Europa das Geschrei der Ayatollahs allenfalls als unpassende Obszönität. Gerade solche Meinungen sollten uns veranlassen, einmal ernsthaft nachzuprüfen, ob unser Wunsch-Islam jemals irgendeiner Realität entsprach.

Anmerkungen

1 François René Chateaubriand, *Erinnerungen*, München 1968.
2 Thomas Edward Lawrence, Leipzig 1936.
3 Raja Garaudy, *Integrismes* (Fundamentalismen), Paris 1990.
4 *L'islam religion tolérante* (Der Islam, eine tolerante Religion) lautet der Titel eines Interviews mit dem Orientalisten André Miquel in *Figaro Madame* vom 13. April 1991. Miquel ist Professor am Collège de France und veröffentlichte u. a. *Der Islam. Von Mohammed bis Nasser*, München 1977.

II. Der Islam

Der Islam beruht auf einem Buch.

Im Glaubensbekenntnis, der *Schahada*, wird der Name des Propheten angerufen: «Es gibt keinen Gott außer Gott, und Muhammad ist der Gesandte Gottes.»

Im Unterschied zu Jesus steht Muhammad jedoch nicht im Mittelpunkt der Religion, die sich auf ihn beruft. Für die muslimische Theologie ist Muhammad nur eine Art «Empfangsgerät», ein Apparat, der unverfälscht Wort für Wort die göttliche Botschaft durch Vermittlung des Erzengels Gabriel weitergibt (2,91).[1] Der Koran gleicht einer «Rezitation» unter göttlichem Diktat. Übrigens steht im Arabischen «Koran» für «Rezitation» (16,100 und 17,95). Der Islam ist vor allem eine Religion dieser Heiligen Schrift.

Muhammad «rezitierte» je nach Anlaß und manchmal sogar am Rande des Schlachtfeldes. Schrieb er selbst? Begnügte er sich damit, während der zweiundzwanzig Jahre seines Priesteramtes zu sprechen, unter göttlicher Eingebung zu «rezitieren», wobei seine Gefährten dann alles aufgeschrieben hätten? Niemand weiß es. Es ist nur bekannt, daß der Koran auf ganz unterschiedlichen Materialien niedergeschrieben wurde: auf Pergament, flachen Steinen und auf Schulterblättern von Kamelen. Erst Othman, der dritte Nachfolger des Propheten, erstellte um das Jahr 650 in Medina eine offizielle Ausgabe des Koran, die bis heute trotz zahlreicher Varianten maßgebend geblieben ist.

Die ältesten überlieferten Manuskripte wurden hundert Jahre später, um 750, im irakischen Kufa niedergeschrieben. Diese Schriften entsprechen nicht der Reihenfolge, in der Muhammad rezitierte. Dabei ist es für den Exegeten ein leichtes, die verschiedenen Epochen zu unterscheiden, in denen die 114 Kapitel des Heiligen Buches verfaßt wurden. Doch solche historischen Details interessieren den Gläubigen nicht, für den die Suren der Länge nach in abnehmender Folge geordnet sind. Vermutlich stellt diese Ordnung die wirkliche Chronologie der Prophetenworte auf den Kopf.

Für den Muslim ist der Koran nicht einfach eine «erleuchtete Schrift», sondern eine auf arabisch direkt von Gott empfangene Botschaft. Aus dieser theologischen Sichtweise entspringt die unzerstörbare Verbindung zwischen dem Islam und der Sprache seiner Offenbarung.

Die jüdisch-christlichen Schriften konnten problemlos vom Hebräischen ins Aramäische und vom Aramäischen ins Griechische übertragen werden. Die Evangelien sind heute in alle Sprachen übersetzt. Die christlichen Liturgien werden in verschiedenen Sprachen gehalten. Muslimische Theologen hingegen wollen den Koran nur auf arabisch lesen. Wie sollte sich göttliches Diktat auch in gottlose Sprachen übersetzen lassen?

Daß die muslimischen Theologen aus theologischen

Gründen so denken müssen, leuchtet ein. Es überrascht eher, daß manche atheistischen Orientalisten ihre Ansichten übernehmen. Sie behaupten, ohne die perfekte Kenntnis des Arabischen sei es unmöglich, den Koran zu verstehen. Es wäre also unnütz, ihn übersetzen zu wollen (so Bruno Etienne auf einer Konferenz über den Islam 1990 in Paris).

Sicherlich ist jede Übersetzung Verrat am ursprünglichen Text. Doch Jacques Berque hat bewiesen, daß sich die Anmut des Textes, Denkmal und Grundlage der gesamten arabischen Literatur, auch in einer guten Übersetzung erhalten läßt.[2]

Gleichwohl – aus der unzerstörbaren theologischen Verbindung zwischen dem Islam und der arabischen Sprache erwuchs der Mythos von der arabischen Einheit.

Gewöhnlich wird von einer «arabischen Nation» gesprochen. In Wahrheit gibt es jedoch nicht eine, sondern zahlreiche arabische Nationen: Marokko ist unzweifelhaft eine, Ägypten ebenfalls. Was haben denn diese beiden Länder, die so verschieden sind wie Spanien und Polen, gemein außer einer Religion (was gewiß nicht unwichtig ist, aber noch keine Nation ausmacht)? Man sollte auch nicht vergessen, daß Millionen von Ägyptern Christen geblieben sind. Die Idee von *einer* arabischen Nation ist eine Fiktion. Diese Fiktion hindert die echten Nationen, sich ganz zu entfalten. Sie ist ein bequemes Argument für alle regionalen Imperialismen. Außerdem sind die meisten Muslime gar keine Araber (selbst wenn sie sich bei Gebet und frommer Koranlektüre der heiligen Sprache bedienen).

Die Türken sind Ural-Altaier und sprechen eine sibirische Sprache. Die Iraner sind Perser und gebrauchen das Farsi. Die Pakistaner sind Inder und sprechen Urdu. Die Senegalesen sind Afrikaner und verständigen sich gewöhnlich auf französisch. Die Verbindung zwischen dem Islam und der arabischen Sprache läßt sich nur theologisch rechtfertigen.

Was steht in dem Heiligen Buch?

Vor allem dies: die prophetische Ankündigung, daß Gottes Gericht über die Menschen unmittelbar bevorstehe. Unaufhörlich wird die absolute Macht der Transzendenz behauptet. Und es heißt, der Gottlose werde bestraft. Dann geht es von eschatologischen Schmähungen über präzise Eheregeln zu Nahrungsverboten, zu Ritus und Gebet. Nicht-Muslime verurteilt der Koran heftig (5,41), weshalb es schwerfällt, darin wie André Chouraqui «eine Botschaft universeller Liebe» zu entdecken.[3]

Vergleicht man die verschiedenen Religionen miteinander, so läßt sich feststellen, auch wenn es vielleicht schockiert, daß der Koran weit «unterhalb» anderer großer religiöser Texte der Menschheit anzusiedeln ist: unterhalb der Evangelien, der Bücher Jeremias und Isaias, der *Bhagavadgita* oder sogar der *Ilias*!

Im Vergleich zu diesen eindrucksvollen Werken der Literaturgeschichte ist der Koran ein archaisches Buch, das sich mit den archaischsten und langweiligsten Texten der Bibel auf eine Stufe stellen läßt. Vielleicht ist uns diese Tatsache verborgen geblieben, weil sich einige Orientalisten davor scheuen, ihn zu übersetzen.

Neben dem Koran ist die *Sunna* die zweite Säule des Islam.

Nach dem Tod des Propheten fühlten sich seine Anhänger schon bald enttäuscht. Der Koran erzählte nicht genug über Muhammad, das «Schöne Vorbild», der am 8. Juni 632 nach kurzer Krankheit unerwartet verstarb.

Das Heilige Buch ließ sie angesichts dieser neuen Umstände ohne Weisung. Ein Jahrhundert nach dem Tod des «Boten» wurden seine Nachkommen, die Nächsten der Nahen, alle, die ihn gehört hatten, im weiteren Sinn als «Gefährten» angesehen, «die der göttlichen Gnade teilhaftig wurden» (48,18). Ihre Überlieferungen der Aussprüche Muhammads, die *Hadithe*, wurden andächtig gesammelt und in der Sunna zusammengefaßt. Aus diesen Kompilationen ragen sechs Sammlungen heraus, von denen die berühmtesten die *Sahih al-Bukhari* des Bukhari Imam aus Zentralasien[4], 870 in Samarkand gestorben und begraben, und die Sammlung von *Sahih Moslem* sind. Im übrigen führte die Interpretation des Heiligen Buches zum großen Schisma im Islam.

Das Schiitentum vereint die Anhänger Alis, die in der Glaubensgemeinschaft Macht für die Nachkommen des Propheten forderten. Fatima, Tochter des Propheten, und sein Schwiegersohn Ali waren tatsächlich die einzigen, durch die das Geschlecht des Propheten weiterlebte. Unter Berufung auf diese dynastische Autorität stellten sie sich gegen die Autorität der Deuter der Sunna. Sie setzten den «Sunniten» das Schiitentum entgegen, einen geistlicheren und etwas schwärmerischen Islam, der den ehemaligen Mazdaisten, die ja Perser waren, entgegenkam.

Die *Scharia* ist die dritte Säule des Islam und bedeutet auf arabisch «der Weg» . Damit werden Gesetzestexte bezeichnet, die zeitlich später als der Koran geschrieben wurden. Was wir heute islamisches Recht nennen, entstand erst nach dem Tode Muhammads. So wie die Hadithe der Sunna den «Worten» des Propheten gleichgestellt wurden und folglich einen sakralen Charakter erhielten, so übertrug sich von der Heiligkeit des Koran auch etwas auf das Recht der arabischen Medinas der Frühzeit. Das Straf-, Familien-, Erb- und internationale Recht des Islam erstarrte in andächtiger Unbeweglichkeit, die vom Heiligen Buch ausgeht. Das ist um so folgenreicher, als die Sunna die Muslime spaltet, die Scharia sie jedoch eint.

Nachdem wir die Grundlagen des Islam berührt haben, wollen wir nun die Religionen miteinander vergleichen, um festzulegen, was diese Religion gegenüber den anderen kennzeichnet.

1. Der Islam ist eine zeitlich verschobene Religion

Muslimische Apologeten präsentieren uns den Islam immer als die «zuletzt offenbarte Religion». Damit legen sie nahe, daß er im Vergleich zu den beiden anderen monotheistischen Religionen, dem Judentum und dem Christentum, fortschrittlich sei, da er *nach* ihnen entstanden wäre.

Der Islam, die zuletzt offenbarte Religion? Das sollten wir uns genauer ansehen!

Es ist eine Tatsache, daß die *Hidschra* am 24. September 622 stattfand, der Tag, an dem Muhammad die Stadt Mekka mit siebzig Gefährten verließ. In seinem Denken bleibt Muhammad jedoch ein kultureller Zeitgenosse des Propheten Abraham, der wahrscheinlich 2300 Jahre vor ihm lebte.

Die beiden Propheten gleichen sich aufs Haar. Beide wohnten in einer Karawanenstadt nahe derselben arabisch-syrischen Wüste, in Ur (Chaldäa) der eine, in Mekka (Hidjas) der andere. Beide empfingen eine «göttliche Offenbarung» und wandten sich anfangs dem Animismus, später dann einem anspruchsvollen Monotheismus zu, indem sie durch eine ähnliche Hidschra die götzendienerische Stadt verließen. Ihre Wahrnehmung der Welt und ihre Moral sind identisch.

Wir stehen hier vor einem der fesselndsten Beispiele für eine «zeitliche Verschiebung», denn beide Männer lebten unbestreitbar nicht in derselben Epoche.

Die Menschen auf Neuguinea lebten noch bis vor

kurzem wie in der Vorzeit. Mitten im 20. Jahrhundert waren sie keineswegs Zeitgenossen der Europäer oder der Japaner. Sie waren eher Zeitgenossen jener Menschen, die die Höhlen von Lascaux bemalten.

Ebenso läßt sich sagen, daß im 7. Jahrhundert die Bewohner des Hidjas und die Nomaden in Arabien keine Zeitgenossen der Byzantiner von Antiochia, Alexandria oder Konstantinopel waren, sondern der Beduinen zur Zeit Abrahams.

Historisch gesehen entstand der Islam zwar *nach* den beiden anderen monotheistischen Religionen. Doch in psychologischer Hinsicht ist der Islam weit früher anzusiedeln.

Der Begriff der zeitlichen Verschiebung erlaubt uns zu erkennen, daß der Islam geschichtlich zwar jünger als Juden- und Christentum ist, seiner kulturellen Entwicklung nach jedoch viel früher anzusiedeln ist. Insofern ist der Islam nicht die zuletzt offenbarte Religion, sondern gewissermaßen eine der ersten.

Die kulturelle Rückständigkeit des Islam, seine «Primitivität», wird noch durch die Unbeweglichkeit einer muslimischen Theologie unterstrichen, die evolutionären Veränderungen nicht sehr aufgeschlossen gegenübersteht.

Auf Abraham folgte eine lange Reihe jüdischer Propheten, doch Muhammad begreift sich (oder wurde begriffen) als das letzte Wort der Offenbarung. Im Koran ist alles gesagt.

Tatsächlich ist der Islam eine «verschobene», eine regressive Religion in dem Sinn, den die Psychologie dem

Wort heute gibt. Die Rückschrittlichkeit, die er meist nach sich zog – wir werden das im IV. Kapitel sehen –, hing zum Teil mit seiner Archaik zusammen und wird dadurch verstärkt, daß dem Islam die Fähigkeit fehlt, sich zu verändern.

2. Der Islam ist eine vertikale Religion

Am Ende der Gassen von Medina mit ihren weißen Mauern, den niedrigen Häusern, fensterlos, dicht an dicht, erhebt sich plötzlich eine helle und leerstehende, unendlich reine Moschee mit ihrem Minarett, das für unerreichbare Transzendenz steht. Von ihrem Glauben getrieben zogen Abraham und Muhammad aus, ohne zu wissen wohin, und verließen die lebendige, wimmelnde Welt der Suks und Basare, um als Nomaden die Botschaft Gottes zu verkünden.

Andere Religionen sind gleichsam rund, der Islam ist gewissermaßen vertikal.

Die menschliche Psyche entfaltet sich in drei Richtungen, die die Religion für sich ausnutzt:

Die Innerlichkeit. Zieht der Mensch sich auf sich selbst zurück, so kann er in der Tiefe seines Bewußtseins oder seines Unbewußten einen inneren Gott finden. «Gott ist mir näher als meine größte Nähe», sagte der heilige Augustinus. Der Buddhismus, die indischen Religionen sind in erster Linie Religionen der Innerlichkeit und laufen Gefahr, sich zu sehr von der äußeren Welt abzuwenden.

Die Umgebung. Der Mensch lebt umgeben von anderen Menschen. Auch die Brüderlichkeit ist göttliches Wort: «Was ihr nicht getan habt einem unter diesen Geringsten, das habt ihr mir auch nicht getan», sagt im Matthäus-Evangelium der Höchste Richter beim Jüngsten Gericht (Mt. 25,45). Mit dem Gebot der Brüderlichkeit folgten noch der Sozialismus und die «Internationale» diesem Vorbild.

Die Transzendenz. Über dem Menschen steht Gott-Vater, das transzendente Absolute. Das ist der Gott des Judentums.

Griechisch-christliche Theologen, unsere sogenannten «Kirchenväter», kamen auf die Idee, diese drei Richtungen der Religion zu untersuchen und dabei Gott zu finden. Hier liegt die Wurzel jener unerhörten Erfindung von der Lehre der Dreieinigkeit!

Für die Kirchenväter ist Gott gleichzeitig in, um und über uns; in uns wie der Geist, um uns wie der Bruder (der «Sohn Gottes», der Bruder der Menschen geworden ist); über uns wie der Vater: «Im Namen des Vaters, des Sohnes und des Heiligen Geistes». Diese Anrufung ist eine Art christlicher Schahada. So kühn waren die muslimischen Theologen nicht. Der Koran weiht der Hölle die «Vereiniger», die dem einzigen Gott andere Bilder der Göttlichkeit zur Seite stellen. Sie begreifen die christliche Heilige Dreieinigkeit als eine Dreiheit, eine «Vereinigung» von Allah, seinem Sohn und dem Heiligen Geist.

Der Islam erhebt sich über den Menschen. Er ist mehr noch als das Judentum eine Religion der Transzendenz. Allah ist der «Allerhöchste». Solche Transzendenz weist jegliche Zwischenstufen zurück: Muhammad ist nicht wie Christus ein Mittler, sondern der Sprecher oder das Schwert Gottes. Die Heiligenverehrung ist abgeschafft, selbst wenn sie in Afrika im Marabut-Kult immer wieder auftritt.

Der Gott des Islam ist ein Herrscher, dem es sich zu «unterwerfen» gilt. Im Arabischen bedeutet «Islam» «Unterwerfung», und wer sich dem Islam verweigert, der gehört zu den «Ungehorsamen» (5,41).

Solch ein transzendenter Herrgott steht dem echten Gläubigen zwar nahe, doch in vielem entspricht er dem Freudschen «Überich». Freud hatte den Koran gelesen und erkannte darin nur eine autoritäre Version des Christentums. Alle Transzendenz führte er auf eine kastrierende Autorität zurück. Traditionelle Muslime lesen Freud natürlich nicht, doch beider Gottesvorstellungen stehen einander recht nahe. Selbst die Vorstellung von Gott als einem Vater, der seine Kinder liebt, erscheint dem Muslim noch als ein Mangel an Achtung gegenüber dem Allerhöchsten. In diesem Punkt ist der Islam niemals so kühn gewesen wie das Judentum (ebenfalls eine vertikale Religion, die Gott jedoch intuitiv als Liebenden seiner eigenen Schöpfung sieht). So heißt es in dem wunderbaren Text des Propheten Isaias:

«Denn der Herr hat dich zu sich gerufen wie ein verlassenes und von Herzen betrübtes Weib, und das Weib der Jugendzeit, wie könnte es verstoßen bleiben» (Isaias 54,6–9). Im Unterschied zu Jahwe ließ sich Allah niemals zu solch ungebührlichen Liebesergüssen herab!

3. Der Islam ist eine politische Religion

...wie auch das Judentum. Da letzteres jedoch von jeher eine Minderheit darstellte (außer zur Zeit König Salomons und in Israel seit 1948), hatte es Muße genug, das Gesetz endlos zu deuten und eine subtile Kasuistik daraus abzuleiten. Eine solche Kasuistik fehlt leider dem Islam, der in seiner Region seit alters her bestimmend und dominierend ist.

In einer Höhle des Berges Hira bei Mekka hatte Muhammad eine starke mystische Offenbarung, die man ihm nicht absprechen kann und die im Koran noch spürbar ist. Abgesehen davon ist er vor allem Gesetzesgeber, Staatsoberhaupt, ja sogar ein Kriegsherr.

Wir müssen uns Muhammad als einen energischen, listigen und hartnäckigen Politiker vorstellen. Der Erfolg des Islam beruhte auf dem Krieg für die gute Sache (so ließe sich *Dschihad* übersetzen). Er war nicht nur Ausdruck einer mystischen Erfahrung wie bei anderen Religionen, sondern das Ergebnis eines militärischen Sieges über die Mekkaner, oder vielmehr einer Reihe von Siegen, überwundener Niederlagen, Razzien und sogar Massakern, wie das an dem jüdischen Volk, das sich in Medina Muhammads Zielen widersetzte.

Muhammad ist der einzige Religionsgründer, der auch Eroberer war. Warum sollte man das vergessen?

Im Jahre 630 hatte er sein Ziel erreicht. Er, der Gedemütigte, der Flüchtling von 622 (dem Jahr der Hidschra), kehrte als Herrscher in seine Geburtsstadt Mekka zurück, die er als Geächteter verlassen hatte. Als Sieger war Muhammad klug genug, den Handel der Medinenser nicht zu ruinieren. Und er besaß den Weitblick, den animistischen Pilgerort, die *Kaba*, den heiligen Meteoriten, den schwarzen Stein, der vom Himmel fiel, in einen muslimischen Pilgerort zu verwandeln. Die Pilgerreise nach Mekka, der *Hadsch*, wurde eines der Grundgebote der neuen Religion.

Was wir über den Koran im Hinblick auf die anderen großen religiösen Texte der Menschheit sagten, gilt erst recht für seinen Propheten. Gewiß ist das «Schöne Vorbild» eine starke Persönlichkeit. Doch darf man ihm getrost andere religiöse Gestalten vorziehen. Ich verweise nur auf Juan de la Cruz als Mystiker, auf Jeremias als Propheten, auf Buddha oder Christus als Vorbilder. Im Vergleich mit den großen religiösen Helden oder Herolden der Menschheit wirkt Muhammad als Mensch ausgesprochen politisch.

Wie viele Staatsmänner liebte er den Reichtum, die Frauen und die Macht. Das soll ihm gar nicht vorgeworfen werden. Doch man muß festhalten, daß er Lichtjahre entfernt von Buddha Shakyamuni, dem großen Verfechter der «äußeren Weltentsagung», lebte. Muhammad ist kein Mann des Verzichts, sondern wie Moses ein Mann des Gesetzes, eines sehr traditionellen Gesetzes zudem.

Entgegen der Legende war der Prophet kein sehr fortschrittlicher Gesetzgeber. Das Schicksal der Armen, der Frauen und Sklaven verbesserte er jedenfalls nicht, falls es denn überhaupt seine Absicht war.

Die muslimischen Propagandisten räumen ein, daß in Medina rauhe Sitten herrschten, allerdings seien sie vor Muhammad noch rauher gewesen. Die kommunistischen Propagandisten argumentieren ähnlich: Die leninistische Gesellschaft sei hart, doch unter dem Zaren sei es vor der Revolution noch schlimmer gewesen. Dabei wissen wir heute, daß Rußland unter Nikolaus II. entwickelter, freier, mit einem Wort erträglicher war als zu Stalins Zeiten.

Im Vergleich zu Lenin bleibt freilich festzuhalten, daß Muhammad letztlich ein großer Politiker und echter Religionsstifter war. Der Prophet verschlimmerte nicht den Zustand der Gesellschaft, nachdem er die Macht übernommen hatte. Doch abgesehen von einigen Besonderheiten – so verbot er, kleine Mädchen zu töten und regelte den Erbanteil der Frauen – scheint er keine großartigen Verbesserungen eingeführt zu haben. Das war auch nicht seine Absicht. Er predigte vielmehr die peinlich genaue Einhaltung des Gesetzes.

Siebenhundert Jahre früher hatte der Prophet Jesus in Palästina viel subversiver gewirkt. Er strebte keineswegs nach staatlicher Macht. Davon zeugt die berühmte Stelle im Evangelium, in der es um die ehebrecherische

Frau geht (Johannes 8,3–12). Dieser historische Exkurs scheint nicht zum Thema zu gehören, so könnte man meinen. Das ist falsch: «Diese Frau ist ergriffen auf frischer Tat im Ehebruch. Mose aber hat uns im Gesetz geboten, solche zu steinigen», sagen die Pharisäer zu Jesus im Tempel von Jerusalem. «Was sagst du?»

Nach muslimischem Recht gilt diese Vorschrift weiterhin. Noch heute schreibt die Scharia vor, ehebrecherische Frauen zu steinigen. Und es ist längst kein unübliches religiöses Gebot. Wir wissen, daß in den letzten Jahren, besonders im Iran der Ayatollahs, viele Frauen gesteinigt wurden. Davon zeugt der erschütternde Bericht *Die gesteinigte Frau*, in dem die Geschichte einer jungen Frau und ihrer Ermordung in einem persischen Dorf erzählt wird.[5] Für die muslimische Welt könnte diese Stelle im Evangelium hochaktuell sein: eine zu Recht oder Unrecht verdächtigte Frau, die Konformisten und eine religiöse Autorität.

In Jerusalem galt der Schriftgelehrte Jesus als eine religiöse Autorität, und die Konformisten, die Pharisäer, wollten ihm eine Falle stellen: Hätte Christus einer Anwendung der Scharia zugestimmt, so hätte sich der berühmte Rabbi in Widerspruch zu den allgemein bekannten Prinzipien gebracht, die er selbst in seiner Lehre von der Vergebung predigte. Bei ihrer Ablehnung wäre er in Konflikt mit den religiösen Gesetzen geraten. Verfolgen wir die Szene weiter. In den Händen der Konformisten ist die Frau nur das Werkzeug ihrer Machenschaften gegen den Propheten. Doch Jesus überrascht sie. Er blickt die Frau nicht an, um sie nicht zu beschämen. Er antwortet auch nicht gleich. Er setzt sich nieder und schreibt mit dem Finger in den Sand. Es wird still. Die Spannung steigt. Jesus lenkt den Disput. Dann richtet er sich wieder auf, blickt den Fundamentalisten in die Augen und sagt zu ihnen:

«Wer unter euch ohne Sünde ist, der werfe den ersten Stein auf sie.»

Dann hockt er sich wieder hin und schreibt weiter in den Sand. Die Menge geht hinaus, und die Fundamentalisten sind starr vor Staunen. Keiner von ihnen wagt in den heiligen Stätten des Tempels zu behaupten, er sei ohne Sünde. Also ziehen sie sich lieber unauffällig zurück. Das weitere Geschehen ist nicht mehr interessant, also verschwinden auch die Schaulustigen, und Jesus ist fast allein mit der Frau. Nun, da er nicht mehr Gefahr läuft, sie zu beschämen, sieht er sie an und sagt: «Weib, wo sind sie, deine Ankläger? Hat dich niemand verdammt?»

Beachten wir die Ironie und die Zärtlichkeit des Meisters.

«Herr, niemand», antwortet die Frau.

Ein entscheidender Augenblick in der Religionsgeschichte: ein Prophet, ein Reiner, und eine ehebrecherische Frau stehen sich gegenüber. Was wird geschehen? Fluch? Moralpredigt? Keineswegs. Jesus sagt nur zu der Frau:

«So verdamme ich dich auch nicht; gehe hin und sündige hinfort nicht mehr.»

Dieses «So verdamme ich dich auch nicht» ist wahrscheinlich der Höhepunkt in der Religionsgeschichte.

Allein dieser Satz sichert Christus einen Sonderplatz unter den Religionsstiftern.

Was hätte Muhammad in einer ähnlichen Situation gesagt? Was sagen die Mullahs heute?

4. Der Islam ist eine konformistische Religion

Der eifrige Gläubige hat sich nach den religiösen Geboten eines allmächtigen Gottes zu richten, die ein Prophet verkündet hat, dem kein anderer Prophet mehr folgte. In der Sunna finden wir ihre Deutung, in der Scharia sind sie in Gesetze gefaßt, die sich seit dem 9. Jahrhundert nicht mehr weiterentwickelt haben.

Mit einer Haltung, die auf unkritische Nachahmung ohne eigene Initiative bedacht ist, droht die Glaubenspraxis in einen allgemeinen Konformismus abzugleiten. Wenn man nicht achtgibt, verkommt sie zur leeren Geste.

Die Gemeinschaft der Gläubigen, die *Umma*, versteht sich mehr als eine praktizierende denn als eine mystische Gemeinschaft. Mit der christlichen «Gemeinschaft der Heiligen» hat sie nichts gemein. Nennen wir ein paar Beispiele für die Bedeutung der Glaubensvorschriften im Islam:

Die Kleidung. Im Gegensatz zu den Christen, die seit langem wissen, daß «Kleider keine Leute machen», kommt der Art sich zu kleiden bei den Muslimen eine entscheidende Bedeutung zu: «islamische Kleidung» ist nichts Neues.

Die muslimischen Rechtsgelehrten kämpfen seit jeher sowohl für den Fez oder Turban des Mannes als auch für den Schleier der Frau. Es bedurfte nicht erst der «Kopftuch-Affäre» wie 1989 in Creil[6], um bei den Ulema leidenschaftliche Diskussionen über die Kleiderordnung auszulösen.

Im Gegensatz dazu strebten alle muslimischen Reformer danach, die Frauen zu entschleiern und, wie Kemal Atatürk 1925, sogar den Fez für den Mann zu verbieten.

Das öffentliche Gebet. «Wenn du aber betest, so gehe in dein Kämmerlein und schließe die Türe zu», sagte Jesus (Matthäus 6,6). Das muslimische Gebet ist hingegen meist öffentlich. Selbstverständlich verkennt auch der Islam nicht das innere Gebet, doch der Gläubige hat sich, ganz gleich wer anwesend ist, fünfmal am Tag mit der Stirn in den Staub zu werfen.

Dieses Schauspiel faszinierte Bonaparte und auch den Pater Foucauld.[7] In unseren laizistischen Gesellschaften gibt es Orte für das öffentliche Gebet: Kirchen, Synagogen, Tempel und Moscheen. Wenn in Marseille die Gläubigen auf der Straße beten und fotografiert werden, da sie sich zu Boden werfen, dann wird dies als Angriff empfunden. Man mag innerlich ergriffen sein, der Glaube kann stark sein, doch in der modernen Welt (wo keine Religion mehr vorherrschend ist) haben die religiösen Manifestationen unauffällig zu bleiben.

Das Fasten ist eine asketische Übung, die alle Religionen kennen. Es hat geistigen Wert, aber freiwillig wäre es noch wertvoller. Im Ramadan ist das Fasten verbindlich, und wehe dem, der sich dem entziehen wollte, denn «die Muslime haben die zwingende Pflicht, Gottlosigkeit zu denunzieren», schreibt Slimane Zéghidour.[8] So wie der Ramadan heute in den meisten islamischen Ländern praktiziert wird, gehört Mut dazu, ihn als eine kulturelle Einschüchterung und wirtschaftliche Absurdität zu bezeichnen: eine kulturelle Einschüchterung, denn der Freigeist ist zum Simulieren und zur Heuchelei gezwungen; eine wirtschaftliche Absurdität, denn der Ramadan bremst die Produktivität einen ganzen Monat lang, wie der ehemalige tunesische Präsident Bourguiba den religiösen Brauch einmal kritisierte.

Ernährungsverbote. Auch andere Religionen kennen sie, besonders das Judentum und der Hinduismus. Der Islam mißt ihnen große Bedeutung zu. Zählen wir sie auf: Das Alkoholverbot läßt sich rechtfertigen, obgleich wir heute nach der amerikanischen Erfahrung wissen, zu welchem Mißbrauch die Prohibition führt. Die Bibel erinnert uns, daß «guter Wein das Herz des Menschen erfreut». Verbietet man jede Art von Genuß, so entwikkelt sich eine strenge Gesellschaft. Algier oder Riad sind um sechs Uhr abends sterbenslangweilig. Riad ist immer eine triste Betonstadt der Neureichen gewesen, dagegen war Algier früher einmal eine fröhliche Stadt; man erinnere sich an das schallende Lachen junger Mädchen in der Vergangenheit! Im übrigen ist die Prohibition wie jedes Verbot oft nur vorgetäuscht. Der Alkoholkonsum («Alkohol» ist ein Wort arabischen Ursprungs) unter den muslimischen Eliten, besonders in Saudi-Arabien, ist beeindruckend. Fleisch auf jeden Fall «halal» zu essen, das heißt geleert von seinem Blut, ist wie auch das jüdische «koscher» letzten Endes nur eine Art Liturgie, wie sinnvoll das auch sein mag.

Doch was soll man vom Schweinefleischverbot halten? Bevor es moderne Konservierungsmethoden gab, zu Muhammads Zeiten also, war es wegen der Parasitosen in heißen Ländern gerechtfertigt. Im Zeitalter der Tiefkühltruhe ist ein solches Verbot absurd. Bis heute gibt es nichts Nützlicheres als das Schwein, um die zahllosen organischen Abfälle aus der Landwirtschaft wie Kartoffelschalen und Brauchwasser wieder zu verwerten. Schweine verwandeln Abfälle in preiswertes Fleisch. Schweine sind notwendig für das Gleichgewicht einer modernen Landwirtschaft. Außerdem fällt es schwer zu glauben, daß Gott mit dem Verzehr von Schweinewurst beleidigt werden könnte! Dahinter verbirgt sich ursprünglich der Gedanke, Nahrung würde den Menschen «verunreinigen». Auch hier sehen wir wieder, daß 800 Jahre vor Muhammad ein jüdischer Prophet mit dem Gebot, «koscher» zu essen, gebrochen hatte: «Merket ihr noch nicht, daß alles, was zum Munde eingeht, das geht in den Bauch und wird durch den natürlichen Gang ausgeworfen? Was aber zum Munde herausgeht, das kommt aus dem Herzen, und das macht den Menschen unrein. Denn aus dem Herzen kommen arge Gedanken, Mord, Ehebruch, Unzucht, Dieberei, falsch Zeugnis, Lästerung», sprach Jesus (Matthäus 15,17–19).

Solche «Anpassungsvorschriften» bedrohen den Islam mit Konformismus und Pharisäertum. Im Grunde würde es reichen, so «zu tun als ob», um ein guter Muslim zu sein.

Wie heißt es in Molières *Tartuffe*: «Verwahr das Büßerhemd und auch die Geißel.»

5. Der Islam ist eine autodidaktische Religion

Der Islam war in der arabischen Wüste isoliert und historisch verschoben; er entstand ganz aus sich heraus und erhielt anfangs nur wenige Anstöße von außen. Vor allem steht er nicht in der Kontinuität eines jüdischen Christentums, auch wenn das dem ehrwürdigen Pater Michel Lelong[9] nicht gefällt.

Die Juden hören es nicht gerne, wenn man von judeo-christlicher Tradition spricht. In der Tat handelt es sich um zwei unterschiedliche Religionen. Und doch muß man feststellen, daß zwischen Judentum und Christentum eine Verbindung besteht, genauer gesagt: Auch wenn das Judentum unabhängig und einzigartig ist, so läßt es sich nicht leugnen, daß das Christentum ein Sproß des jüdischen Stammes darstellt, selbst wenn dies den Juden mißfällt.

Der Islam indes ist kein Ableger dieses Stammes.

Zwar ist er ebenfalls ein Monotheismus, doch ein eigener Monotheismus, ohne echte Bindungen zu den beiden anderen, und eine Religion, in der es weder das Liebesgebot des *Hohenliedes* noch die *Bergpredigt* gibt.

Das erklärt sich durch die Umstände seiner Entstehung. In jenen Wüstenstädten wie Mekka und Medina lebte Muhammad in einer Handelsgesellschaft und hatte durch Karawanen aus Syrien oder über äthiopische Händler vom Christentum gehört. Bekanntlich war der Negus den ersten Jüngern wohlgesonnen. Auf seinen Reisen traf Muhammad christliche Priester und Mönche.

Dennoch lernte er vom Christentum nur kümmerliche Bruchstücke kennen, die ihm Suk-Gerüchte zutrugen. Solche Reste sind übrigens im Koran enthalten: Jesus wird als Prophet anerkannt, Maria verehrt usw.

Offensichtlich hat Muhammad niemals die Evangelien gelesen. Das Judentum war ihm geläufiger, denn in Medina lebte eine große jüdische Gemeinde. Sehr bald kam es jedoch zum Bruch mit dieser Gemeinde, weil sie den Propheten nicht als Führer anerkennen mochten. Teils wurde sie aus der Stadt verjagt, teils niedergemacht.

Vom Judentum übernahm Muhammad die Berichte der Rabbiner über die Stammväter Israels, Abraham-Ibrahim und Moses, sowie die *Zehn Gebote*, die im Koran gebilligt werden. Doch die großen prophetischen Texte erreichten ihn niemals.

Muhammad war sich der Existenz der «Buchreligionen» (der Bibel), des Juden- und Christentums also, sehr wohl bewußt. Er war jedoch nicht in der Lage, ihren außergewöhnlichen Reichtum zu ermessen.

6. Der Islam ist eine große Religion

Trotz all seiner Unzulänglichkeiten ist der Islam eine große Religion. Groß allein schon durch seine geographische Verbreitung: vom Atlantik bis zum Indischen Ozean; groß durch seine 1300jährige Geschichte und menschliche Erfahrung; groß auch durch seine vielfältige Kunst, die Kalligraphie, seine Tier- und Naturdarstellungen, seine heilige Sprache; durch Literatur, Dichtung und Philosophie. In den Schulen von Kufa im 9. Jahrhundert, von Bagdad im 10. und Isfahan im 17. Jahrhundert wurden Aristoteles' Schriften gelesen und kommentiert. Avicenna, der große iranische Philosoph des 11. Jahrhunderts, sieht Allah im Kanon der griechischen Philosophie: Der Gott Muhammads wird beim Meister von Buchara zum Schöpfergott. Indem er sich selbst denkt, gelangt er zu der zentralen Erkenntnis, daß der Verstand als Inbegriff wahrer Erkenntnis allgemeinmenschlich und von den einzelnen Seelen getrennt ist (in *Heilung der Seele vom Irrtum* und *Beweise und Behauptungen*).

Vor allem bringt der Islam überall eine starke Moral hervor, die den Menschen das Zusammenleben erleichtert.

Innerhalb seines geographischen und historischen Machtbereiches hat diese große Religion einen moralischen, einen geistigen Raum voller Anmut geschaffen. Und an der Schönheit dessen, was die Religionen hervorbringen, läßt sich vielleicht ihre Größe ablesen.

Und schließlich vermittelt der Islam seinen Gläubigen etwas ganz Wesentliches, Werte zum Leben nämlich, eine gewisse Weisheit und innere Heiterkeit. Besonders lehrt er den Gläubigen, dem Tod ins Auge zu blicken. Er hilft ihnen beim Sterben, das heißt, mit Würde zu leben. Die moderne Welt ist unfähig geworden, das zu lehren. Die Werte der modernen Welt heißen Dynamik und Geschäftigkeit. Sie hat das Geheimnis der Heiterkeit verloren und den Tod in die hintersten Winkel ihrer Krankenhäuser verbannt. Zusammen mit anderen Religionen bewahrt der Islam Werte auf Lebenszeit.

Anmerkungen

1 Die erste Zahl gibt die Sure, das heißt das Kapitel an, die zweite die Verse, aus denen sie sich zusammensetzt.

2 Jacques Berque, *Le Coran*, Paris 1990.

3 Im Vorwort der ansonsten gelungenen Koranübersetzung: *Le Coran – L'Appel* (Der Koran, ein Ruf). Übersetzt und vorgestellt von André Chouraqui und Robert Laffont, Paris 1991.

4 Eine Hadithsammlung in englischer Übersetzung, mit Erklärungen von Muhammad Asad, Gibraltar 1981.

5 Freidoune Sahebjam, *Die gesteinigte Frau. Die Geschichte der Soraya Manoutchehri*, Reinbek 1992.

6 1989 erschienen im Collège der Pariser Vorstadt Creil zwei muslimische Schülerinnen mit den typischen Kopftüchern zum Unterricht und weigerten sich, diese abzunehmen. Die staatliche, laizistische Schule verbietet das Tragen jeder Art von religiösen

Insignien, daher schloß der Schulleiter sie vom Unterricht aus. Dieser Vorfall löste heftige Diskussionen über die Eingliederung von Einwanderern, Toleranz, Rassismus usw. aus, an der sich Politiker, Kirchenvertreter sowie Hilfsorganisationen von Einwanderern beteiligten; Anm. d. Ü.

7 Charles Eugène Vicomte de Foucauld (1858–1916) kam als Offizier erstmals nach Algerien. Später wurde er Mönch, lebte als Einsiedler unter den Tuareg und erforschte ihre Sprache, Texte und Gedichte; Anm. d. Ü.

8 In *Le Voile et la Bannière* (Der Schleier und das Banner), Paris 1990.

9 Als großer Verfechter einer islamisch-christlichen Annäherung sieht Lelong im Islam eine Verlängerung des Judeo-Christentums. 1990 organisierte er zu diesem Thema ein Kolloquium in Straßburg.

III. Der Islam und die Moderne

Die Beziehungen zwischen dem Islam und der Moderne waren und sind schwierig, ja, gespannt.

Die Werte der Moderne – Offenheit für gesellschaftlichen Wandel, kritischer Geist und Individualismus – stehen denen des Islam entgegen.

Von islamischen Gelehrten wird jede Veränderung als Sünde betrachtet. In Koran, Sunna und Scharia ist bereits alles gesagt, es gibt nichts zu verändern.

Für kritischen Geist haben die Schriftausleger nichts übrig. Bereits im letzten Jahrhundert stellte Ernest Renan fest: «Der Islam steht dem wissenschaftlichen Denken entgegen.» Und der einzelne Mensch? Er hat hinter der unvermeidlichen Gleichförmigkeit der Umma zu verschwinden.

Manche muslimische Intellektuelle haben diese Misere erkannt, wie etwa der tunesische Universitätslehrer Aichem Djait: «Der Islam wird niemals die technologische Kapazität des Westens erreichen, weder wissenschaftlich noch leistungsmäßig.»[1] Wir können nur hoffen, daß diese schonungslose Kritik durch Fakten widerlegt wird.

Bis vor kurzem übte die Moderne eine solche Anziehungskraft auf die Muslime aus, daß eine modernistische Bewegung entstand, die eines Tages wieder erwachen könnte. Doch im Augenblick ist sie nicht zeitgemäß. Die Islamisten wollen sich nicht mehr am Westen orientieren. «Sie haben begriffen, daß die moderne Welt ihre Seele verloren hat», stellt Aichem Djait fest.

Wie manche unserer Ökologen sind sie dabei, die Moderne in Bausch und Bogen zu verdammen. Djait schreibt: «Die Moderne ist eine giftige Gabe.» Nun, vielleicht hat er recht, aber vergessen wir nicht, daß es unmöglich ist, diese Gabe zurückzuweisen. An diesem Punkt klärt sich das Verhältnis der Religionen zur modernen Welt.

Alle Religionen, die die Moderne ablehnen, drohen unterzugehen, genau wie jene pompejanischen Fresken, die beim Bau der römischen Untergrundbahn durch das Eindringen der Luft «ausradiert» wurden.[2] Oder sie treten in blutige Opposition zur modernen Welt und bringen Fanatiker und Fundamentalisten hervor. Unglücklicherweise scheinen die derzeitigen Beziehungen zwischen dem Islam und dem Westen von dieser zweiten Möglichkeit geprägt zu sein.

Am Ende dieser Auseinandersetzung wird der Islam den Industrieländern wahrscheinlich unterliegen. Wie niemals zuvor begünstigte das ökonomische und militärische Gefälle zwischen islamischer und westlicher Welt den Westen so stark. Der Golfkrieg im Januar 1991 hat dies auf tragische Weise bewiesen.

Anders läge der Fall, wenn die moderne Welt aus Mangel an Lebenswerten zusammenbräche, aber bis dahin hat es wohl noch einige Zeit...

Die jahrhundertealten Schwierigkeiten des Islam mit der Moderne blieben nicht folgenlos. Sie schlugen sich in fünf Bereichen nieder:

1. Der Staat

Muhammad war, wie schon erwähnt, politischer und religiöser Führer in einer Person. Als Religionsgründer forderte er politische Macht und errichtete den Staat Medina, Ideal und utopisches Ziel des «islamischen Staates».

Der Koran unterscheidet nicht zwischen «weltlichen» und «geistlichen» Bereichen. Die religiöse Huldigung der politischen Macht kennt nicht nur der Islam, er treibt sie allerdings weiter als jede andere Religion.

Demgegenüber unterschied das Christentum frühzeitig zwischen politischer und geistlicher Macht und erkannte dabei stets die Eigenständigkeit der Politik an, selbst als die Kirche «apostolische» Kaiser, «christliche» und «katholische» Könige weihte.

Die christlichen Könige und Kaiser stellten ihre politische Legitimität den Forderungen der religiösen Macht selbstbewußt entgegen. Daher der berühmte «Kampf zwischen Sacerdotium und Imperium», von dem wir in Schulbüchern noch Kenntnis zu nehmen hatten.

Bis heute ist eine solche Auseinandersetzung in einem muslimischen Land nicht vorstellbar. Allein Kemal Atatürk hat es versucht; doch er war Atheist und mit den Ideen der modernen Welt verbunden.

Im Islam werden Sacerdotium und weltliche Macht gleichgesetzt. Als Beweis für die Überlegenheit des Islam über das Christentum führen muslimische Apologeten manchmal die Tatsache an, daß es im Islam kein Priestertum gibt. Die Muslime wären gewissermaßen Protestanten.

Diese Behauptung gilt es zu differenzieren.

In den schiitischen Ländern gibt es sehr wohl einen bestellten Klerus. Der Klerikalismus der Ayatollahs und Mullahs steht dem *Parti dévot* unter Ludwig XIV. in nichts nach.

Und selbst in bezug auf die sunnitische Welt muß man fragen: Gibt es dort wirklich keine Priesterkaste? Ulema und Prediger sind wahrlich «Geistliche»; sie sehen im übrigen auch so aus, und warum auch nicht. Jedenfalls ist die Behauptung, es gäbe im Islam kein Priestertum, grundsätzlich falsch. Der Islam kennt nicht nur das Priestertum; man kann sogar behaupten, daß in den islamischen Ländern, von einigen Ausnahmen abgesehen, die Priester die Regierenden sind. Die Nationale Befreiungsfront Algeriens (FLN) etwa erließ fortwährend religiöse Gesetze, ließ Moscheen errichten und förderte das Priesterwesen, was ihr heute das Genick bricht. Insofern ist der Begriff des «Laizismus», wie er in Frankreich verstanden wird, für Muslime im allgemeinen unvorstellbar.

In den islamischen Ländern gründet die Staatsbürgerschaft immer auf die Religionszugehörigkeit, selbst wenn die Verfassungstexte das Gegenteil behaupten.

Daher sind Nicht-Muslime allenfalls geduldet. Vollwertige Staatsbürger können sie nicht werden.

In Algerien läßt sich beobachten, daß Franzosen, darunter Unabhängigkeitskämpfer der ersten Stunde, Kampfgenossen und «Kofferträger» der FLN, die sich mit Hab und Gut dem Aufbau des Staates verschrieben haben, verbittert zusehen müssen, daß sie nach zwanzig Jahren noch immer als Ausländer betrachtet werden, weil sie keine Muslime sind. Jean Pelegri beschreibt das in seinem schönen Buch *Ma mère, L'Algérie*[3] und beteuert zugleich, seine Wahlheimat zu lieben.

Es ist beileibe kein Zufall, daß es bislang nur ein einziger muslimischer Staat gewagt hat, die Trennung von Religion und Staat zu verkünden (die Türkei Kemal Atatürks). Die Gründe dafür sind theologischer Art. Immer häufiger sehen sich muslimische Staaten gehalten, dem Namen ihres Landes das unvermeidliche Adjektiv «islamisch» voranzustellen: islamische Republik, islamisches Königreich!

Aus demselben Grund wird in den muslimischen Ländern (mit Ausnahme der Türkei und vielleicht des Irak) alles, was nicht dem Islam zugerechnet werden kann, in die Finsternis der *Dschahiliya* verdrängt, dem Zustand der Barbarei und Unwissenheit der vorislamischen Jahrhunderte.

Ein christlicher Franzose hat keinerlei Mühe, die Aquädukte und Amphitheater zu akzeptieren, die das heidnische Rom überall in Gallien hinterließ. Das muslimische Algerien hingegen, so fortschrittlich es auch sein mag, betrachtet die Ruinen von Tipassa oder Dschemlia nicht als seine eigenen, weil *vor* dem Islam angeblich keine architektonischen Kostbarkeiten existiert haben können. Nur ein paar verdiente Archäologen versuchen diese Denkmäler vor der allgemeinen Gleichgültigkeit zu retten. Die Verdrängung der vorislamischen Zeit ging nirgends weiter als in Ägypten. Die überragende Hochkultur der Pharaonen konnte unter griechisch-römischer und später byzantinischer Herrschaft praktisch bis zur arabischen Eroberung fortbestehen. Die Tempel, Obelisken und Pyramiden waren bis zu diesem Zeitpunkt noch in gutem Zustand und wurden gepflegt. Mit der islamischen Vorherrschaft versinkt Alt-Ägypten im Nichts, die Mamelucken beschießen sogar mit Kanonen das Gesicht der Sphinx von Gizeh. *Ägypten ist nicht mehr dasselbe Land*, obwohl die Bevölkerung die gleiche bleibt und die Zahl der Eindringlinge nur gering ist! Bis Ende des 18. Jahrhunderts mußte man warten, bis die Gottlosen um Bonaparte und seinen Archäologie-Soldaten auf ihrer ägyptischen Expedition das Pharaonenreich wiederentdeckten. In der wundervollen *Description de l'Egypte*[4] haben französische Gelehrte der staunenden Welt davon ein genaues Bild gezeichnet. Die Muslime hatten diese Kultur tausend Jahre lang ignoriert.

2. Die Religion

In den ersten Jahrhunderten nach der Hidschra brillierte die muslimische Theologie, wie das berühmte Beispiel Avicennas zeigt. Als jedoch mit der Renaissance in Europa die Moderne in Erscheinung trat, gelang es den islamischen Theologen nicht (im Unterschied zu den christlichen Humanisten), die Erfordernisse des Glaubens mit denen der modernen Wissenschaft in Einklang zu bringen.

Noch heute fällt es einem Muslim schwer, seine heiligen Texte mit den Techniken der kritischen Exegese zu studieren.

Die Christen haben gelernt, sich der Instrumente der Textkritik zu bedienen. Ihr Glaube wird nicht mehr in Frage gestellt, wenn sie entdecken, daß diese oder jene Jesus zugeschriebene Textstelle in Wirklichkeit das Werk eines späteren Verfassers ist. Die Juden lesen die *Genesis* wie eine Dichtung, wie ein bildliches Gleichnis und räumen ein, daß die Welt nicht in sechs Tagen erschaffen wurde.

Die Muslime wagen es hingegen noch immer nicht, einen kritisch-rationalen Blick auf den Koran und besonders auf den Propheten zu werfen. An islamischen Universitäten, die berühmte Al Azhar in Kairo eingeschlossen, wird heute endlos über das Geschlecht der Engel oder der Frauen diskutiert, und das in einer Zeit, da sich die Menschheit schwerwiegenden Problemen zu stellen hat, Problemen, die das Leben auf unserer Erde gefährden.

Noch bedrohlicher ist eine andere Entwicklung. Die klassische Dominanz des Scheins über die Innerlichkeit führte zu einer Verarmung der muslimischen Mystik. Dabei gab es im Islam anerkannte Mystiker und sogar eine große mystische Bewegung wie den Sufismus.

Die sufistische Bewegung entstand im 8. Jahrhundert und betonte die Innerlichkeit. Ihre berühmtesten Vertreter, Halladsch im 9. und Ghasali im 11. Jahrhundert, wurden später unterdrückt. Es ist eine Tatsache, daß alle religiösen Institutionen den Mystikern mißtrauen. Dennoch konnten sich die rheinischen und kastilischen Mystiker wie Meister Eckhart bzw. Theresa von Ávila im Christentum durchsetzen. Das gilt auch für die Meister der Kabbala im Judentum, ganz zu schweigen vom Hinduismus, wo sich die Mystiker großen Ansehens erfreuen. Für den Islam läßt sich solches nicht behaupten.

Der orientalische Traum muß blind gemacht haben, um wie Louis Massignon, René Guénon oder Michel Chodkiewicz[5] eine Religion wegen ihrer Mystik zu wählen, die kaum ein Klosterleben kennt (im Gegensatz zu den Christen, Buddhisten und japanischen Shinto). Tatsächlich lebten die großen mystischen Orientalisten den Islam wie eine Sekte und *im* Abendland. Dies könnte eine mögliche Entwicklung unter dem Einfluß Indiens und der europäischen Esoterik ankündigen.

Letztendlich ist der Islam nicht zukunftsorientiert: «No future».

Muhammad beschließt seine Offenbarung ohne den Heiligen Geist. Dabei ist der Koran durch seine Ankündigung, das Jüngste Gericht stehe unmittelbar bevor, ursprünglich eschatologisch geprägt. Es gibt auch einen muslimischen Messianismus in Form der *Mahdi*. Der Mahdi ist für manche Muslime der «Gottgesandte», der am Ende der Zeiten kommen wird, um den wahren Islam zu errichten. Im letzten Jahrhundert beanspruchte ein sudanesischer Führer (den die britische Armee 1898 in Khartum besiegte) diesen Titel für sich im Kampf gegen die englische Herrschaft. Bei den Schiiten findet sich der Mythos vom «versteckten Imam», der am Tag des Jüngsten Gerichts wiederkehren soll.

Von solch bemerkenswerten Ausnahmen abgesehen, ist der Islam jedoch eher von der Vergangenheit gebannt. Alles ist bereits gesagt. Was bleibt, ist Anpassung und Nachahmung. Dabei braucht eine Religion (oder eine Ideologie) gerade einen starken Messianismus, um sich nicht im Gefängnis der Gleichförmigkeit einzuschließen. Indem die Muslime die Vergangenheit erhöhen, drohen sie rückwärtszugehen, einer Zukunft entgegen, die einzig und allein – zumindest träumen sie davon – den Ruhm der Kalifen wiederherstellt.

3. Die Menschenrechte

Die Menschenrechte sind das Ergebnis der europäischen Aufklärung. Insofern verwundert es nicht weiter, daß sich der Islam gedanklich nur wenig mit ihnen beschäftigt. Manche muslimische Intellektuelle betonen sogar den «europäischen» Ursprung der Menschenrechte, um deren Universalismus in Frage zu stellen. Diese These vertrat Mohammed Arkoun, Professor an der Sorbonne, in einem vielbeachteten Artikel der Zeitung *Le Monde*.[6]

Fünfzig Jahre lang wurden die «bürgerlichen» Freiheiten im Namen der «sozialistischen» Freiheiten diskreditiert. Heute erkennt der Osten die «formellen» Freiheiten endlich als universellen Wert an. Just in dem Augenblick setzt man im Süden der Erdhalbkugel den Menschenrechten islamisches Recht entgegen, wird der Menschheit die Umma gegenübergestellt!

Obwohl die muslimischen Mitgliedsländer der UNO eine allgemeine Erklärung der Menschenrechte mitratifiziert haben (eine Kopie der Erklärung aus der Französischen Revolution), liest man bei genauerem Hinsehen, daß in der Formel «Die Menschen werden nur im Namen des Gesetzes verurteilt» das «Gesetz» als Begriff der Aufklärung auf arabisch übersetzt ist mit: «Die Menschen werden nur im Namen der Scharia verurteilt.» Was für ein hübscher Taschenspielertrick! In welcher Beziehung steht die islamische Scharia zu Montesquieus *Vom Geist der Gesetze*?

Westliche Journalisten sprechen unentwegt von der Scharia, obwohl es schwierig ist, sich eine Vorstellung von ihrem Inhalt zu machen, wenn man das klassische Arabisch nicht liest. Glücklicherweise gibt es französische Übersetzungen, besonders jene im *Gesetzblatt der Islamischen Republik Mauretanien.*[7] Geben wir hier einige Auszüge wieder:

«Jeder Muslim, der sich in Wort oder Tat des Verbrechens schuldig macht, vom Glauben abzufallen ... wird aufgefordert, innerhalb von drei Tagen zu bereuen. Bereut er nicht innerhalb dieser Frist, so wird er als Abtrünniger zum Tode verurteilt. Sein Hab und Gut wird zugunsten der Staatskasse konfisziert» (Artikel 306).

Ein Hinweis an alle Europäer, die wie Raja Garaudy versucht sein sollten, sich zum Koran zu bekehren: Der Islam ist eine Reise, bei der die Rückkehr unter Todesstrafe verboten ist!

Weiter heißt es in dem zitierten Artikel: «Jeder Muslim, der das Gebet verweigert, wird aufgefordert, der Gebetspflicht innerhalb der vorgeschriebenen Zeit nachzukommen... Bleibt er bei seiner Weigerung... so wird er mit dem Tode bestraft.»

«Jeder volljährige Muslim, gleich welchen Geschlechtes, der sich des Ehebruchs schuldig macht, wird öffentlich bestraft, ist er ledig, mit hundert Peitschenschlägen und einem Jahr Gefängnis... Beim verheirateten oder geschiedenen Paar wird in jedem Fall die Todesstrafe durch Steinigung (*Radschum*) ausgesprochen. Ist die Frau schwanger, so wird die Steinigung oder Geißelung bis zur Niederkunft ausgesetzt» (Artikel 307).

Wir erwähnten ja bereits, daß das Evangelium von der Ehebrecherin nach wie vor aktuell ist.

«Jeder volljährige Muslim, der eine unkeusche oder widernatürliche Handlung mit einer Person seines eigenen Geschlechtes begangen hat, wird durch öffentliche Steinigung mit dem Tode bestraft» (Artikel 308).

Und da fahren die pädophilen Europäer weiterhin nach Marrakesch! Der Scharia nach können zwei männliche Jugendliche, die sich gegenseitig sexuell befriedigen, zum Tode verurteilt werden. Meines Wissens haben die Schwulen Europas dagegen noch nie protestiert!

«Jeder volljährige Muslim, der freiwillig und bewußt Alkohol trinkt, wird mit vierzehn Peitschenhieben bestraft» (Artikel 341). Bei diesem Strafmaß müßten manche saudische Führer ein blutiges Hinterteil haben!

«Wer in täuschender Absicht etwas nimmt, was ihm nicht gehört, ist des Diebstahls schuldig und wird zur Amputation der rechten Hand verurteilt... Wird er zum zweiten Mal schuldig, so wird ihm der linke Fuß amputiert... Begeht er den dritten Diebstahl, so wird ihm die linke Hand amputiert... Begeht er den vierten Diebstahl, so wird ihm der rechte Fuß amputiert» (Artikel 351). Der Rumpf-Mensch!

So sieht die Scharia aus. Schenken wir es uns, die Liste mit Zitaten zu verlängern, die keines weiteren Kommentares bedürfen.

Dieses offizielle Gesetz gilt in Saudi-Arabien, in Mauretanien, Pakistan, im Sudan und im Iran, ein Gesetz, dessen Anwendung in den anderen muslimischen Ländern von Islamisten jeder Couleur lautstark gefordert wird.

Die Menschenrechte werden durch das Recht eines strengen Gottes verhöhnt. Hier gibt es kein «Abkommen von Helsinki» wie mit der ehemaligen Sowjetunion.

Der Autor dieses Essays ist gläubig. Er glaubt, daß die Welt einen letzten Sinn hat und verspürt keinerlei Lust zur Gotteslästerung. Doch wie sollte man nicht darüber empört sein, daß in islamischen Ländern dem Gotteslästerer die Todesstrafe droht?

Salman Rushdie mag noch so häufig behaupten, Atheist zu sein[8], er ist muslimischer Herkunft und damit der Scharia unterworfen. Die *Satanischen Verse* sind gewiß kein antimuslimisches Buch. Doch Rushdie spricht allzu leichtfertig von den Ehefrauen des «Schönen Vorbildes». Er hätte wissen müssen, daß man darüber nicht scherzt! Die *Fatwa*[9] des verstorbenen Imam Khomeini, mit der er Rushdie zum Tode verurteilt hat, ist nach europäischer Vorstellung ungerecht, mit der Scharia jedoch vollkommen vereinbar.

Die Scharia bringt manche Gläubige dazu, alles Nichtmuslimische zutiefst zu verachten.

Gewiß finden sich im Koran Verse, die den «Schriftgelehrten», Juden und Christen also, einen gesetzlichen Status zuerkennen. Doch im Vergleich mit echten Gläubigen sind Juden und Christen immer minderwertig: Theoretisch sind nur sie steuerpflichtig. Von den wichtigen öffentlichen Aufgaben bleiben sie überall ausgeschlossen. Ihre Zeugenaussage wiegt vor Gericht nur halb soviel wie die eines männlichen Muslim. Heiden haben der Scharia zufolge überhaupt keinen Rechtsstatus und sind indirekt der Vernichtung geweiht.

Alle Religionen haben Phasen der Intoleranz durchlaufen, alle erlebten totalitäre Perioden, doch inzwischen haben sich die meisten – und seit dem II. Vatikanischen Konzil sogar die katholische Kirche – von diesen Irrtümern *explizit* losgesagt. Nicht so der Islam.

Zahlreiche muslimische Länder wenden die Scharia nicht an. Noch mehr Gläubige verhalten sich ebenso. Aber wo sind die Intellektuellen, die Rechtsgelehrten, die es wagen zu erklären, daß die Scharia historisch überholt und in einem ganz anderen grausamen Zusammenhang geschaffen wurde, daß der Koran neu zu interpretieren und muslimisches Recht der modernen Welt gemäß neu zu definieren ist? Dabei ist eine solche Interpretation, wir betonen das, theologisch möglich. Doch das Schweigen der Gelehrten macht sie zu Komplizen der archaischsten Fundamentalisten. Wird schon mit dem wohlwollendsten Nicht-Muslim derart umgesprungen, dann begreift man, daß ein Muslim die Religion nicht wechseln kann, ohne den Tod zu riskieren, und daß die muslimische Frau keinen Nicht-Muslim heiraten darf.

Aufgrund dieses komplizenhaften Schweigens erscheint der «Ausschluß» heute noch immer als Ideal der islamischen Gesellschaft. Und das um so mehr, als dieses Ideal in Saudi-Arabien praktiziert wird, dem muslimischen Land par excellence, dem leuchtenden Wegweiser des Islam, dem Hüter der heiligen Städte Mekka und Medina.

Heute ist es den Menschen aller Glaubensrichtungen möglich, die heiligen Orte der Religionen zu besuchen, mit Ausnahme derer des Islam. Der Reisende kann frei nach Rom, Jerusalem, Benares und sogar nach Lhasa fahren. Ist der Reisende kein Muslim, so darf er sich nicht in Mekka aufhalten. Und niemand protestiert dagegen, daß die Charta der Vereinten Nationen nicht eingehalten wird, die die Freizügigkeit des Menschen vorsieht.

Schlimmer noch. In ganz Saudi-Arabien ist es verboten, nichtmuslimische Gottesdienste abzuhalten. Dabei leben in diesem Land der neureichen Beduinen mehrheitlich Ausländer. Sie sind es, die die Arbeit verrichten. Darunter befinden sich viele arabische Christen (Palästinenser oder Kopten) und Filipinos. Hunderttausende von Christen haben kein Recht auf einen Gebetsort und dürfen keine Messen abhalten. Niemand protestiert gegen diese Verletzung der UN-Charta, die die freie Glaubensausübung vorsieht.

Als die Frage kürzlich bei einer islamisch-christlichen Konferenz auf Ceylon angesprochen wurde, gaben die Saudis vor, daß es im Vatikan auch keine Moschee gebe. Ein Scheinvergleich, denn der Vatikan ist ein symbolischer Staat mit wenig Territorium, den man besichtigen kann. Und man darf annehmen, daß, sollten sich Muslime in der Schweizergarde befinden, diese auch Anspruch auf ihren Gebetsort hätten.

Es bedurfte des Golfkrieges und der Ankunft westlicher Truppen in Saudi-Arabien, um das unerhörte Schauspiel zu erleben, wie Feldgeistliche (katholische und protestantische) im Land der Wahhabiten die Eucharistie feierten. So fegt die Notwendigkeit sogar den größten Starrsinn hinweg.

Trotz der Intervention westlicher Demokratien auf saudischem Staatsgebiet (in den Augen des Autors durch den irakischen Angriff gerechtfertigt) bleibt Saudi-Arabien weiterhin der Staat, der den Menschenrechten und der UN-Charta am fernsten steht. Im Namen des Propheten wird die Demokratie noch immer verflucht. Mit seinen Petrodollars unterstützte dieser Staat die strengsten fundamentalistischen Bewegungen überall in der Welt, darunter die Islamische Heilsfront in Algerien (FIS).

Im übrigen ist der Islam insgesamt dabei, sich seiner nichtmuslimischen Minderheiten zu entledigen. Nach den Juden verlassen auch die Christen die islamischen Länder: Kopten aus Ägypten, Maroniten aus dem Libanon, Melchiten aus Syrien, Armenier von überall und Chaldäer aus dem Irak. Dabei waren die arabisch-christlichen Gemeinschaften der Reichtum des Nahen Ostens, besonders auf intellektueller Ebene. Christen erfanden die Arabistik (möglicherweise eine Dummheit). Schon bald werden die Muslime allein in ihrem «Haus» leben.

Der Islam stellt sich die verschiedenen Erdteile nämlich als ebenso viele «Häuser» vor.

Das «Haus des Islam», *Dar al-Islam*, umfaßt alle muslimischen Länder.

Das «Haus des Friedens», *Dar al-Sulh*, die Länder, mit denen die muslimischen Staaten es für nützlich hielten, Verträge zu schließen.

Das «Haus des Krieges», *Dar al-Harb*, bezeichnet ganz einfach den Rest der Welt. Im Koran wird der Krieg als eine normale Art von Beziehung zwischen dem echten Gläubigen und dem «Ungehorsamen» betrachtet. Natürlich war es in Wirklichkeit anders. Zwischen muslimischen und gottlosen Staaten haben immer Beziehungen bestanden. Doch die Theologie wollte dieser Realität nicht folgen.

Der Begriff des «Heiligen Krieges» ist unbestreitbar muslimischen Ursprungs. Die Christen der spanischen

Reconquista oder die fränkischen Kreuzritter wurden von ihm nur infiziert. Selbstverständlich erklären uns die Orientalisten, daß der Dschihad in Wirklichkeit nur der rein geistige Kampf gegen das Böse sei. Doch das ist historisch falsch. Der Rektor der Pariser Moschee hatte da mehr Mut, als er zu sagen wagte, kein Krieg sei heilig[10] und die Tradition in diesem Punkt so neu interpretierte, wie das auch in anderen Bereichen nötig wäre.

Zum gleichen Zeitpunkt fand Saddam Hussein, der als Modernist geltende Präsident des Irak, lebhafte Zustimmung bei den muslimischen Massen zwischen Pakistan und Algerien, als er zum Heiligen Krieg aufrief, zur Rückeroberung der heiligen Orte in Saudi-Arabien, die durch Ungläubige (die westlichen Soldaten der Koalition) geschändet worden wären.

Der tiefere Grund für die Gleichgültigkeit des Islam gegenüber den Menschenrechten ist ein theologischer. Er ist in der Grundhaltung zu suchen, die dem gläubigen Muslim als eigentliches Fundament des geistigen Lebens vorgeschrieben wird. Diese Haltung gibt der Religion, in deren Mittelpunkt der Koran steht, logischerweise ihren Namen: Unterwerfung. «Islam» bedeutet Unterwerfung. Gemeint ist die Unterwerfung Gott gegenüber, gewiß, doch wie sollte das keine Auswirkungen auf das Verhalten des Gläubigen insgesamt haben?

Wir glauben immer, es sei natürlich, sich aufzulehnen. Die Auflehnung gegen Ungerechtigkeit, gegen die «Ausbeutung des Menschen durch den Menschen» (nach der schönen Redewendung von Karl Marx), scheint dem Menschen eigen zu sein. Das stimmt nicht. In den meisten menschlichen Zivilisationen wird die «Intoleranz intolerabel toleriert», wie Edgar Morin festgestellt hat.[11]

Der Hindu zum Beispiel geht gleichgültig an dem Hungernden vorüber, geleitet von einem Kastensystem, das wiederum gerechtfertigt wird durch die Reinkarnationsdoktrin, die ihrerseits das Unrecht rechtfertigt: Das Unglück hängt von den «früheren Leben» ab. Lebt ein Mensch also im Elend, dann ist es sein Fehler, denn er büßt so seine Boshaftigkeit aus einem vergangenen Leben. Warum sollte man sich also darüber aufregen?

Auch der aufrichtige Buddhist hat so sehr auf alles verzichtet, daß er sich über gar nichts mehr aufregen kann.

Für den Muslim ist alles, was geschieht, der Wille Gottes. «Es steht geschrieben!» ist keine Karikatur. Genau das sprach 1990 ein saudischer Prinz aus, nachdem bei der jährlichen Pilgerfahrt Hunderte von Pilgern in einem Tunnel in Mekka erstickten.

Aus diesem Grund ist der Islam nicht subversiv.

Die Propheten Israels erfanden die Auflehnung. Empörung, Protest gegen die Fatalität der Dinge finden sich erstmals bei ihnen.

Hiob ruft Gott von einem Misthaufen aus als Zeugen an, sagt Camus, für den der Tod eines Kindes unannehmbar ist.[12] Hiob ist kein Muslim.

4. Die Arbeit im allgemeinen und die Feldarbeit im besonderen

Wir werden sehen, daß der muslimische Vormarsch Ergebnis des zufälligen Zusammentreffens von arabischen Städtern und Nomaden unter der Führung der Städter ist. Dieser eigenwilligen Verbindung wegen neigt der Islam nicht dazu, die Arbeit zu preisen. Die Nomaden bestellten keine Felder, die einflußreichen Städter waren wie der Prophet Händler. Folglich ist der Handel für den Koran eine achtbare Tätigkeit, nicht aber die Feldarbeit.

In den Oasen des Hidjas wurde die Feldarbeit von Sklaven geleistet.

«Ganz selbstverständlich ist Muhammads Lehre von Verachtung für die Landarbeit geprägt», stellt Xavier de Planhol in seinem wichtigen Buch fest.[13] In den Evangelien hingegen spielt die Landwirtschaft eine zentrale Rolle. Jesus spricht über die Weinlese, Winzer, Ölpressen, den weisen Sämann und gute Verwalter.

Nichts von alledem im Koran.

Üppige Ernten erscheinen niemals als die Frucht menschlicher Arbeit, sondern nur als einfacher Ausdruck des göttlichen Willens (36,33 und 56,64).

Als Muhammad eine Pflugschar sah, soll er nach einem berühmten Hadith gesagt haben: «Die hier wird niemals in das Haus der Getreuen gelangen, ohne daß nicht gleichzeitig eine Erniedrigung stattfände.»

Später waren die muslimischen Städte zwar von Gärten umgeben wie in Andalusien, doch den Hauptteil ihrer Nahrung kauften ihre Bewohner immer weit entfernt, denn die *Huertas* waren nur Gemüsekulturen der Vorstädte.

Der wahre Gläubige, der vorbildliche Gläubige, das ist der Händler der Suks, der *Basari* der iranischen Welt oder der kleine Beamte. Er lebt bürgerlich in seinem nach außen abgeschlossenen Haus, nimmt die rituellen Waschungen vor, begibt sich freitags in tadelloser Kleidung in die Moschee und beachtet die sexuellen Verbote wie die Nahrungsgebote.

Daneben gibt es den Nomaden, der sich selten reinigt, unregelmäßig zur Predigt geht, der ißt, was gerade angeboten wird, und der trotzdem als echter Muslim betrachtet wird, weil er Soldat des Heiligen Krieges ist.

Nur die Städter der Suks und die Nomaden der Steppen haben im Nahen Osten ein Anrecht darauf, sich Araber zu nennen. Die Bauern sind ihrer nicht würdig.

Wie der Geograph Jacques Weulersse feststellt, lautet in dieser Region der Erde die erste Frage, die man einem Mann beim Zusammentreffen stellt: «Bist du Araber oder *fellah?*» (Fellache bedeutet Bauer.) Tatsächlich enthüllt nichts besser als diese durchaus gängige Floskel, daß der Bauer vom Dar al-Islam ausgeschlossen bleibt.

Nicht alle Muslime haben sich von der Geringschätzung all dessen freigemacht, was mit der Landwirtschaft zu tun hat. Sie wurde sogar noch durch den Umstand verstärkt, daß die Bauern häufig Ungläubige blieben, wie etwa die Kopten in Ägypten.

Den Gläubigen entehrt der Pflug. Xavier de Planhols

Urteil ist unumstößlich: «Ein schwerer Fluch lastet auf allem islamischen Land: das traurige Bild einer agrarischen Gesellschaft, die in Mittelmäßigkeit und Erstarrung verfällt.»[14] Wie soll man sich da noch zurückhalten und diesem Scheitern nicht die landwirtschaftlichen Erfolge der lateinischen Christenheit im Mittelalter gegenüberstellen, einer Religion, der es gelang, ausgehend vom Dorf eine Kultur gegen die Barbarei aufzubauen? Wie kann man heute noch behaupten, daß der Fluch über Ackerbau und Viehzucht auf islamischem Grund ganz aufgehoben ist – trotz einiger nicht zu leugnender landwirtschaftlicher Erfolge (in Marokko dank der berberischen Bauern)?

Nicht nur die Feldarbeit, auch die Handarbeit ist im Dar al-Islam schlecht angesehen. Die Handwerker der Suks und Basare machen hiervon eine Ausnahme. Dabei ist das Handwerk die einzige echte technische Errungenschaft der muslimischen Welt. Noch heute spricht man von «Damast» in Erinnerung an Damaskus und von «Korduan» wegen Córdoba. Der Islam sieht im Handwerk – neben der Politik und dem Kriegshandwerk – eine «würdige» profane Tätigkeit, weil es ein städtisches Leben ermöglicht und mit dem Handel eng verbunden ist.

Ansonsten wird in den Augen des guten Muslim Handarbeit geringgeschätzt, wie übrigens in den meisten traditionellen Gesellschaften.

Griechen und Römer verachteten die Feldarbeit, die sie gern den Sklaven überließen. Im Römischen Kaiserreich arbeitete der freie Mann nicht mehr.

Im Hinduismus arbeitet der Brahmane ebenfalls nicht. Erst das Christentum und die Regel des heiligen Benedikt würdigten die Handarbeit wieder: Der Mönch arbeitet mit seinen Händen.

Eine Schwäche des Islam ist es, die gesellschaftlichen Traditionen allzu sehr respektiert und im gleichen Zug mit den kulturellen Bräuchen der Dschahiliya radikal gebrochen zu haben.

Heute, da es um industrielle Maschinen geht, hat sich diese Haltung im Islam kaum gewandelt.

Mit Recht weist Jean-Francis Held darauf hin, daß die Muslime «den Westen ihr Öl pumpen lassen, bereitwillig Panzer und Flugzeuge steuern», die von Amerikanern, Russen und Franzosen gebaut wurden.[15] In seinem Buch *Eine islamische Reise*[16] sagt der große Schriftsteller und Muslim V. S. Naipaul nichts anderes.

Dieses Verhalten muß nicht erstaunen.

Die Moderne bildet ein Ganzes. Es ist schwierig, mit den Händen Maschinen herzustellen, wenn die Köpfe in ihrer Archaik unfähig sind, diese zu erfinden.

Die Kultur läßt die Industrie entstehen.

Daß die industrielle Revolution in Europa und nicht in China stattfand, hat eher kulturelle Ursachen (die Fähigkeit zur Veränderung, die psychologische Beziehung zur Arbeit) denn wirtschaftliche. China war von der Natur ebenso wohl bedacht worden wie Europa. Jedenfalls benutzen die Muslime die wunderbaren Errungenschaften der industriellen Welt allzu häufig als reine Konsumenten. Von Ausnahmen abgesehen, haben sie nicht einmal damit begonnen, sie zu erfinden und herzustellen. Darin unterscheiden sie sich von den Japanern, die noch vor anderthalb Jahrhunderten eine ebenso archaische Gesellschaft bildeten.

Diese Schwierigkeit, die Arbeit zu beherrschen, erstreckt sich sogar auf die Raumordnung.

Das muslimische Bangladesch wird uns immer als ein vom Schicksal fürchterlich benachteiligtes Land dargestellt. In der Tat leben die Bengalis im Mündungsgebiet von zwei großen Strömen, dem Ganges und dem Brahmaputra, das Stürmen und Überschwemmungen ausgesetzt ist. Und doch gibt es ein anderes Land auf der Welt, das mit den gleichen Schwierigkeiten zu kämpfen hat, erschwert noch dadurch, daß es ein «kaltes» Land ist: die Niederlande, im Mündungsgebiet zweier Ströme liegend, dem Rhein und der Maas, ebenfalls Überschwemmungen und Stürmen ausgesetzt. Trotzdem gibt es niemanden, der die Niederländer auch nur einen Augenblick lang bedauern würde. Durch Arbeit und Geschick haben sie ihre Sumpfgebiete in eine der wohlhabendsten Gegenden der Erde verwandelt.

Stellen wir uns vor, wie durch Zauberei würde man die bengalischen Muslime durch Niederländer ersetzen: Im Nu tauchten am Ganges Polder und Kanäle, Dämme und Windmühlen auf!

5. Die Frau

Das Verhältnis zwischen Mann und Frau steht im Zentrum jeder Kultur. An dieses sich täglich wiederholende Schauspiel des Geschlechterdualismus haben wir uns so sehr gewöhnt, daß wir uns kaum vorstellen können, wie sehr der «öffentliche» Charakter dieser Beziehungen unserer westlichen Kultur zu eigen ist. Das Adjektiv «öffentlich» meint hier die gesellschaftliche Bühne, das Adjektiv «privat» hingegen bedeutet, daß die Beziehungen zwischen Mann und Frau auf die Intimität des Hauses beschränkt sind.

In allen traditionellen Gesellschaften spielt die Frau nur im privaten Raum eine Rolle. Das gilt natürlich auch für die Antike. Zu Perikles' Zeiten glich Athen wahrscheinlich den islamischen Städten von heute. Auf der Agora gab es nicht mehr Frauen als heute in der Rue Didouche-Mourad in Algier.

Überall, besonders in Indien und Japan, lebt die Frau eingeschlossen im «Gynäkeion». Sie ist Mutter. Sie kann Kurtisane werden (die raffinierte fernöstliche Erotik ist ja bekannt), doch ins öffentliche Leben greift sie nicht ein. Auch hier bildet der Islam keine Ausnahme von der Regel. Der Fall Benazir Bhutto widerspricht dem nicht: Ihr gelang es nicht, sich in Karatschi an der Macht zu halten; offenkundig wurde sie nur im Gedenken an ihren Vater gewählt.

In allen traditionellen Gesellschaften sind die Beziehungen zwischen Mann und Frau ohne Liebe. Sie preisen die Männerfreundschaft und lassen der Liebe zur

Frau nur wenig Raum, außer im Märchen (wie in *Tausendundeiner Nacht*). Wie sollten Mann und Frau auch dieses eigenartige Gefühl füreinander empfinden, da sie nur aus Tradition verheiratet sind?

Wir müssen hinzufügen, daß auch im Islam die Kinderehe üblich ist. Heiratet ein dreißigjähriger Mann ein kleines Mädchen, so kauft er eine Dienerin. Heiratet er eine erwachsene Frau, so verbindet er sich mit einer gleichwertigen Partnerin. Das lateinische Mittelalter machte die Frau zu einer «Hof und Ehren» würdigen Herrin. Sie nahm den Ehrenplatz an der Tafel ein, wo sie bisher bloß bedient hatte. Erst im Europa des 17. Jahrhunderts trat sie durch den Brauch der späten Eheschließung wirklich an die Öffentlichkeit. Die zungenfertigen Dienerinnen bei Molière waren erwachsene, noch unverheiratete Frauen, die ihre Aussteuer sammelten. Und das Thema der freien Wahl des Ehemannes findet sich in den meisten seiner Stücke und in *Der Geizige* wieder.

Auch wenn im Abendland der Weg noch lang ist, ehe die echte Gleichstellung von Mann und Frau erreicht ist, müssen wir doch feststellen, daß die einzige Kultur, die die Frau nicht völlig vom öffentlichen Leben ausschließt, die abendländische ist. Das ist gewiß ein Ergebnis der westlichen Moderne. Nach Lewis Mumford [17] liegt hier ebenfalls der Hauptgrund für die unbestreitbare Überlegenheit der mittelalterlichen Stadt über die antike Stadt: Ohne die Verschiedenheit der Geschlechter wäre die gesellschaftliche Dynamik nicht so stark. Der männliche und der weibliche Pol sind unerläßlich, um die Gesellschaft in «Hochspannung» zu versetzen. Man kann sich ausmalen, wie benachteiligt eine Gesellschaft wäre, die sich dauernd um das Geschick der Frauen im öffentlichen Bereich brächte. Genau das ist in der islamischen Gesellschaft der Fall.

Der Islam hat die Frauen wie keine andere Zivilisation eingesperrt. In einer Predigt im Frühjahr 632 in der Nähe von Mekka vergleicht Muhammad die Frauen mit Gefangenen. Gewiß empfiehlt er, sie gut zu behandeln, so wie man eben Kriegsgefangene aus Respekt vor dem Kriegsrecht gut behandelt.

Die muslimische Frau ist also «Kriegsgefangene»; seine Biographen schreiben dem Propheten diese Äußerung zu. Das Internierungslager der Frau ist das Haus ihres Mannes oder ihres Vaters, das sie nur selten und unter strenger Aufsicht verlassen darf. In der Moschee ist sie nicht geduldet. Wird sie von ihrem Mann verstoßen, muß die Frau zu ihrem Vater zurückkehren. Gemäß der Scharia kann der Mann seine Frau(en) praktisch nach Gutdünken verstoßen.

Für einen Fellachen ist das kaum einzuhalten, doch, wir haben es bereits gesagt, die Bauern stehen gewissermaßen außerhalb des Islam. Das gleiche gilt für die Nomaden, die, obgleich echte Muslime, als Bauernlümmel angesehen werden. In den Medinas hingegen funktioniert es perfekt, die Frauen gefangenzuhalten. Algier, wo die Bedeutung der Frau seit der Unabhängigkeit spektakulär abgenommen hat, wirkt bei Büroschluß um sechs Uhr abends bedrückend vor lauter bärtiger Männlichkeit.

Dabei heben die Orientalisten die muslimische Erotik hervor. Es gibt diese Erotik. Doch Koran, Sunna, Scharia und Hadithe sprechen allein von der männlichen Erotik.

Die Sexualität der Frau wird für die gesellschaftliche Ordnung als gefährlich angesehen. Slimane Zéghidour erinnert in einem lebendigen und mutigen Bändchen zum Thema *Le Voile et la Bannière* (Schleier und Banner), daß die Fundamentalisten in diesem Zusammenhang ein modernes Bild gebrauchen: Sie vergleichen die Frau mit einem Atomkraftwerk wie Tschernobyl.

«Lecks, durch die Radioaktivität ausströmen könnte, sind zu verhüten... Der Beischlaf erfolgt neben dem Bad, um anschließend sofort eine reinigende Waschung vorzunehmen und um die Genitalien durch rituelles Wasser zu entseuchen.»

Wie jede Hemmung führt diese Haltung gegenüber der Frau zur Heuchelei und sexueller Verdrängung, so daß ein flüchtiger Blick zwischen einem Mann und einer Frau, die sich nicht kennen, Dramen heraufbeschwören kann.

Probleme der «Reinheit» werden in den Kommentaren der muslimischen Prediger zur Obsession. Im christlichen 19. Jahrhundert geschah ähnliches, und die katholische Kirche hält bis heute daran fest. Die frühchristlichen Schriften des Evangeliums hingegen sind eher feministisch.

Im Islam indes wird diese Neurose durch die Lehre vom Messias verstärkt.

In seinem Harem in Medina (der Islam schuf nicht

die Polygamie, sondern paßte sich in diesem Punkt an), pries das «Schöne Vorbild» den Koitus, allerdings nur den männlichen Orgasmus. Muhammad unternahm nichts, um die Einsamkeit des anderen Geschlechtes aufzuheben.

Die Benachteiligung der Frau ist integraler Bestandteil des Islam und muß daher als Charakteristikum der islamischen Gesellschaft angesehen werden. Der folgende Satz aus Molières *Tartuffe* gleicht einer Koransure: «Bedecken Sie diesen Busen, damit ich ihn nicht sehen kann.»

Manche muslimische Frauen haben das «Gesetz des Mannes» verinnerlicht und tragen heute den Tschador. Die anderen, die sich dem verweigern, haben die Wahl zwischen Flucht und Verzweiflung.

Der Schock

Aus all diesen Gründen hatte das *Aufeinanderprallen* von Islam und moderner Welt eine fürchterliche Wirkung auf den Islam.

Im Zusammenhang mit dem Golfkrieg schrieben die Journalisten viel über die Erniedrigung der Muslime und suchten die Ursachen dafür im europäischen Kolonialismus. Wir wollen die Verantwortung unserer Großeltern nicht leugnen. Bereits im ersten Kapitel haben wir allerdings daran erinnert, daß der Islam weit länger Kolonialmacht denn Objekt der Eroberung war. Das, was man die «große Erniedrigung» nennen könnte und was sich tatsächlich in der psychologischen Grunddisposition der Muslime findet, erklärt sich aus den Ursprüngen ihrer Religion: sie ist kriegerisch, eroberungslüstern und voller Verachtung für die Ungläubigen. Wie könnte sie es da ertragen, von ihnen besiegt zu werden?

Der Islam kennt zwar eine Theologie der Eroberung und des Sieges, nicht aber eine Theologie der Niederlage.

Christen und Juden waren abwechselnd Sieger und Besiegte. Ihre Religionen haben ihnen eine Theologie des Sieges («Gott ist mit uns») wie auch eine Erklärung der Niederlage («Erlösung» und «Sühne») geliefert. Die Muslime sehen sich immer siegreich. Sie kennen zwar eine Theologie des Martyriums, doch keine der

Niederlage, denn Allah ist der «Siegreiche». Niederlagen ertragen Muslime um so schlechter, je größer ihr kriegerischer Mut ist.

Der Dar al-Islam besteht aus Hunderten von verschiedenen Völkern und umfaßt Länder mit unterschiedlicher militärischer Tradition. Die Religion bestimmt das Verhalten ganz wesentlich, und der Islam sieht sich stark und männlich. Der *Mudschahid*, der Glaubenskrieger, fürchtet nicht den Tod.

Nichts konnte die Muslime mehr erzürnen als die beifälligen Berichte in der westlichen Presse zum israelisch-arabischen Sechstagekrieg 1967, in denen die Araber als Feiglinge beschrieben wurden, die ihre Schuhe in der Wüste stehengelassen hätten, um schneller zu fliehen! Solche Märchen zwangen die Ägypter, ein Volk mit friedlicher Tradition, sich sechs Jahre später in den Jom-Kippur-Krieg zu stürzen, nur um zu beweisen, daß Araber tapfer sein können.

Niederlagen sind für Muslime um so unerträglicher, als sie wegen ihres persönlichen Mutes nicht begreifen, warum sie dennoch geschlagen werden.

Bis zur Ankunft Bonapartes in Ägypten, dem geographischen Zentrum des Islam, hatte die islamische Welt Niederlagen nur in Randzonen erfahren (wie 1571 in Lepanto gegen Venedig und Spanien), die durch zahllose Siege kaschiert wurden. Die große Erniedrigung erlebte sie am 21. Juli 1798 nahe der Pyramiden.

Als Bonaparte Ägypten erreicht, getrieben von Stimmen aus der französischen Politik, hat Europa dem Islam, der einst bei Wien und Lepanto endgültig gestoppt wurde, seit langem den Rücken gekehrt. Europa blickt auf den amerikanischen Kontinent, im Begriff, die Welt zu erobern. Doch plötzlich, welch ein Zufall, der Schock der Wiederkehr. Am 1. Juli 1798 landet Bonaparte in Abukir mit wenig Reiterei und einigen tausend Infanteristen, darunter Veteranen des Italienfeldzuges, die aus der Revolution hervorgegangen sind und weder Gott noch Teufel fürchten, Plünderer, Säufer und tapfere Haudegen. Mit von der Partie ist eine Gruppe wissensdurstiger Wissenschaftler; alle Disziplinen der großen französischen «Encyclopédie» sind vertreten. Bonaparte, das ist Diderot in Waffen.

Die damaligen Herrscher Ägyptens, die Mameluken, verfügten als Gegenleistung für ihre formelle Anerkennung der Oberherrschaft der «Heiligen Pforte» über eine richtige Reiterei. Zu jener Zeit galt der Mamelucken-Krieger als der bestbewaffnete und tapferste Einzelkämpfer der Welt. Aus Verachtung für die Ungläubigen ließen die Führer der Mamelucken die Angreifer bis nach Kairo vorrücken, da sie sicher waren, diese vor den Pyramiden unter den Hufen ihrer Pferde zu zermalmen.

Stellen wir uns die Szene am 21. Juli 1798 vor.

An jenem Tag handelte Bonaparte nicht sehr strategisch (wie er es noch in Italien und später angesichts der Koalitionen tat). Auf sich gestellt wirken seine Infanteristen recht hilflos gegenüber den furchterregenden muslimischen Reitern. Doch letztere kämpfen wie zu Zeiten der Hidschra. Die Franzosen hingegen schlagen sich wie eine Armee der Aufklärung.

«Bildet ein Karree! Erste Reihe: Bajonette auf die Gewehre! Auf die Knie! Zweite Reihe: Legt an! Geschütze außen, durchladen! Den Feind kommen lassen, erst auf Kommando feuern!» befehlen die französischen Offiziere, während die Reiter der Mamelucken, den Säbel in der Hand, mit den Ruf angreifen: «Allahu akbar!»

Sie stürmen heran, sind plötzlich da. Aus zehn Meter Abstand fliegen ihnen die Salven entgegen, die Abteilung öffnet sich, die Kanonen speien ihre Kugeln aus, Pferde stürzen zu Boden. Die Angriffswelle strömt zurück für eine neue Attacke. Die Stimmen der französischen Offiziere gellen: «Auf Kommando: hundert Meter nach links rücken, Marsch!» Die Trommeln dröhnen. Hundert Meter weiter formiert sich die Abteilung, und das Massaker an den Reitern beginnt von vorn. Am Abend flieht Murad Bei nach Süden und läßt Tausende von Toten zurück. «Allah! Wer gibt mir meine prächtigen Truppen zurück?» klagt Victor Hugos Bei in *Aus dem Morgenland.* Die Franzosen haben nur wenige Tote zu beklagen.

Die Moderne hat zugeschlagen.

Verwirrt, ängstlich, bewundernd und ungläubig verfolgen die Muslime vor Kairo diesen Einbruch der modernen Welt in ihr Leben. Diese Welt hat das Gesicht eines sehr mediterranen Bonaparte, doch vor allem bedeutet sie Rationalismus, Laizismus, Kapitalismus und Romantik.

Es gilt nicht mehr, sich Gottes Willen zu fügen. Es gilt anzugreifen, zu kämpfen, sich zu organisieren.

«Gott ist größer», sagen die Kairoer Notabeln zu Bonaparte, als sie in seinem Lager empfangen werden. Lakonisch antwortet er ihnen: «Ja, doch nun bin ich da.»

Mit dieser Gotteslästerung ist alles gesagt.

Von diesem Schock plötzlich aufgeschreckt, hat sich die islamische Welt noch immer nicht erholt. Mit der Schlacht an den Pyramiden beginnt für die muslimischen Länder eine lange Reihe ähnlicher Niederlagen.

Die islamischen Kämpfer begreifen nicht, was vor sich geht. Ihr Mut ist groß und ihr Glaube stark. Sie erkennen nicht, daß sie von einer Moderne geschlagen wurden, deren Rationalität der muslimischen überlegen ist.

Sie mögen moderne Waffen kaufen und auch einsetzen, die Siege des Abendlandes hängen nicht allein mit der Qualität der Waffen zusammen, sondern auch mit dem «System» ihrer Organisation.

Daher erscheinen den Arabern ihre wiederholten Niederlagen gegen Israel so unerträglich. Ob man den Zionismus nun für rechtmäßig hält oder nicht, eines ist offensichtlich: Israel ist ein Brückenkopf des Westens. Deshalb nimmt das Palästinenserproblem in der muslimischen Welt mit ihrem unbändigen Revanchismus so breiten Raum ein. Die Existenz des Staates Israel im strategischen und symbolischen Zentrum der muslimischen Welt entfacht das Gefühl der «großen Erniedrigung».

Der Islam kennt auch keine Theologie der Minderheiten.

Den Muslimen fällt es schwer, in einer Gesellschaft zu leben, in der sie eine Minderheit darstellen.

Die Christen kennen eine Theologie der «Christenheit» und einer der «Minderheit». Man könnte sagen, daß die katholische Kirche als Minderheit demokratisch war (Polen unter kommunistischem Regime) und dominant als Mehrheit (Spanien unter der Franco-Diktatur). Die Juden haben länger in der Diaspora gelebt als im Staate Israel.

Die Scharia hingegen kennt nur eine einzige Situation: wenn der Muslim der natürliche Herrscher der Stadt ist und sein (islamisches) Recht herrscht. Sich einer gottlosen Herrschaft zu unterwerfen, wird gar nicht in Betracht gezogen.

Diese Situation führt zu Problemen für zahlreiche Muslime, die heute in «ungläubige» Länder emigriert sind. Wir werden darauf zurückkommen. Die Unmöglichkeit für den Gläubigen, Gehorsam gegenüber einer nichtmuslimischen Autorität zu «denken» oder nichtislamische Werte «anzuerkennen», führte zu manchen Auswüchsen.

Lange vor dem Imam Khomeini hatte der Gründer der Muslim-Bruderschaften, Sayyed Outb (1966 von Nasser gehenkt), seine heftige Abscheu vor einer ägyptischen Moderne zum Ausdruck gebracht. Zur gleichen Zeit lebte die «Dschammat al Tabligh» in Indien nach den gleichen Überzeugungen.

Sie werden heute noch immer von vielen Islamisten geteilt.

Einer unserer wenigen hellsichtigen Orientalisten, Gilles Kepel, unterscheidet zwischen «Islamisten», die die Gesellschaft von Staats wegen islamisieren wollen

(Saudi-Arabien, Sudan und Mauretanien), und «Pietisten», die durch Arbeit an der Basis zum gleichen Ergebnis gelangen möchten.[18]

Beide reagieren auf den Schock des Zusammentreffens mit dem Westen jedoch durch radikale Ablehnung der Werte der modernen Welt. Islamisten, Pietisten und Fundamentalisten bringen die Gläubigen dazu, sich von den in unserem Jahrhundert allgemein akzeptierten Ideen zu «lösen». Sie preisen, wahnsinnig und doch wirksam, eine Art von psychischer Umkehr ins 13. Jahrhundert (in dem der Islam der Hidschra nach ja auch lebt). Sie träumen vom goldenen Zeitalter, wie es der Prophet von seinem Aufenthalt in der Oase Medina her kannte. Sie möchten sich kleiden wie Muhammad, essen und schlafen wie er und seine Vita sexualis nachahmen.

Wie alle Gesellschaften, die vom Scheitern bedroht sind, haben sie echte Erfolge aufzuweisen. Sie sind imstande, die Gesellschaft insgesamt zu organisieren (das Beispiel des Iran läßt allerdings das Gegenteil vermuten). Sie können Mülltonnen leeren lassen wie in Algier, vorübergehend die Armen speisen, Ehebrecherinnen steinigen, Alkoholverkauf und -konsum verbieten und den wahrhaft Gläubigen Anlaß geben, nicht zu verzweifeln.

Und doch – unfähig, den Staat zu regieren, verebbt langsam die fundamentalistische Welle im Iran. Anderswo droht sie wieder hochzuschlagen, in Algerien etwa. Durch seine Ablehnung der Moderne ist der muslimische Fundamentalismus noch längst nicht am Ende.

In den nächsten zehn bis zwanzig Jahren wird er hier versanden und sich anderswo neu entfachen. Die Moderne ist eine Seuche, und es ist nutzlos, sich von ihr abzukapseln. Bevor wir uns in Zukunftsspekulationen ergehen, sollten wir auf die Vergangenheit zurückblikken.

Anmerkungen

1 Interview im Wochenmagazin *L'Événement du jeudi*, September 1990.

2 Eine melancholische Szene aus Fellinis wundervollem Film *Roma.*

3 *Algerien, mein Heimatland*, Arles 1990.

4 *Die Beschreibung Ägyptens*, Paris 1988.

5 Ehemaliger Direktor des Verlages Le Seuil.

6 Am 15. März 1989.

7 Artikel Nr. 608 und 609 vom 29. Februar 1984.

8 Vor seiner plötzlichen und sehr politischen «Rekonversion».

9 Rechtsgutachten eines religiösen Würdenträgers.

10 Interview in *Le Monde*, September 1990.

11 *Le Vif du sujet* (Zur Sache), Paris 1969.

12 *Die Pest*, Hamburg 1950.

13 *Kulturgeographische Grundlagen der islamischen Geschichte*, Zürich 1975.

14 Ebd.

15 In *L'Événement du jeudi*, September 1990.

16 Köln 1982.

17 *Die Stadt. Geschichte und Ausblick*, Köln und Berlin 1963.

18 *Le Prophète et le Pharaon* (Der Prophet und der Pharao), Paris 1984; ders., *Die Rache Gottes. Radikale Moslems, Christen und Juden auf dem Vormarsch*, München 1991.

IV. Die Vergangenheit

Selbst die Verächter des Islam gestehen ihm eine glänzende Vergangenheit zu. Dieser Gemeinplatz ist Grundlage der «frommen Legende».

Was hat es damit wirklich auf sich?

Zuerst sollten wir den Einfluß, den die muslimische Welt angeblich auf die westliche Welt hatte, ins richtige Verhältnis setzen. Die Orientalisten übertreiben diesen Einfluß. Sie behaupten, das Abendland habe fast alle Texte der griechischen Antike, besonders die naturwissenschaftlichen, nur dank der Muslime wiederentdeckt.

In der Tat gab es diesen Einfluß. Wir haben gesehen, wie stark Avicenna von der Antike geprägt wurde, und sein persönlicher Einfluß im christlichen Mittelalter war gewaltig. Die Kulturträger des muslimischen Reiches waren im allgemeinen einheimische Christen, häufig Nestorianer, die auf seiten der Eroberer eine wichtige Rolle spielten (wie wir noch zeigen werden). Dieser Einfluß sollte nicht überbewertet werden, selbst wenn «Algebra» ein arabisches Wort ist. Bei der kulturellen Vermittlung wirkte das Byzantinische Reich entscheidend mit. Seine Geschichte ist aufgrund einer psychoanalytischen Verdrängung in Vergessenheit geraten. Das lateinische Abendland, ein begabter Schüler Byzanz', wurde im 13. Jahrhundert zu seinem Mörder. Der vierte Kreuzzug zerstörte auf dem Umweg über Venedig (dieser Tochter Konstantinopels) endgültig die Macht des Ostreiches, von dem die Türken 1453 nur noch einen geistig brillanten, aber verblassenden Schatten erhaschten. Vielleicht fand aus Scham über diesen ödipalen Mord eine gewisse *damnatio memoriae* des Byzantinischen Reiches statt und vergrößerte im Gegenzug die Bedeutung der Araber.

Auch wenn das Römische Westreich zusammenbrach, sollte man nie vergessen, daß das Ostreich um Konstantinopel herum bis zur Mitte des 15. Jahrhunderts fortlebte, obgleich es sich in ein griechisches Reich verwandelte. Dieses Reich bewahrte die wesentlichen Erkenntnisse der antiken Wissenschaft, Literatur, Kunst, Philosophie und hielt die großen altgriechischen Texte lebendig. Es war der Lehrmeister der lateinischen Christenheit. Die romanische Kunst ist eine «römische» Kunst, insofern sich die Byzantiner selbst so bezeichneten. Als sich die Muslime schließlich 1453 Konstantinopels bemächtigten (zweihundert Jahre nach den westlichen Kreuzrittern), sah man Tausende von griechischen Intellektuellen nach Italien auswandern, die in Florenz, Venedig und Rom (wo einer von ihnen unter dem Namen Bessarion Kardinal wurde) das einleiteten, was wir heute Renaissance nennen.

Auch die Bedeutung der Perser sollte nicht vergessen werden.

Die persische Geschichte hört nicht mit den Achaimeniden und Alexander dem Großen auf. Das Römische Reich lebte in Byzanz fort, das Persische Reich wurde durch die Dynastie der Sassaniden zu neuem Leben erweckt.

Im 7. Jahrhundert unserer Zeitrechnung standen sich das Römische und das Persische Reich immer noch feindlich gegenüber. Sie führten sogar Krieg wie zu Trajans Zeiten.

Kurz vor dem plötzlichen Auftauchen der islamischen Krieger hatten das Byzantinische und das Persische Reich einen langen Konflikt beendet, aus dem beide geschwächt hervorgingen.

Der griechische Kaiser Herakleios hatte den großen König Chosru besiegt. Ausgeblutet von ihrem Konflikt, wankten beide auf ihrem Thron.

Zu diesem Zeitpunkt erschütterte unerwartet eine Bedrohung das traditionelle Ost-West-Spiel: sie kam aus dem Süden, von jenseits der Wüsten.

Diesen Vorgang sollten wir genauer betrachten.

War der Islam in seinen Anfängen tatsächlich die große zivilisierende Kraft, von der die Orientalisten berichten?

Der Islam entstand in einer Stadt, und im Wort Zivilisation steckt das lateinische *civitas*, die Stadt. Die islamische Zivilisation ist eine urbane Kultur, eine Zivilisation der Medinas.

Spezialisten wie Jacques Berque oder Maxime Rodinson haben darauf hingewiesen, daß die Gebote und die

Praktiken dieser Religion einen städtischen Rahmen voraussetzen. Nur in der Stadt ist es wirklich möglich, sich um eine Moschee mit ihren Minaretten zu versammeln. Die Lebensweise des wahren Gläubigen, sei sie nun puritanisch oder bürgerlich, ist mit ihren Waschungen und dem Verschleiern der Frauen allein hier im urbanen Zusammenhang praktikabel.

Ursprünglich glichen die muslimischen Städte nicht denen der lateinischen Christenheit, die damals über den Warenhandel mit dem Hinterland verbunden waren. Mit Ausnahme einiger italienischer Hafenstädte wie Venedig und Genua beherrschten sie die landwirtschaftliche Region.

Die islamischen Städte interessierten sich kaum für ihr Umland. Als Handelsstädte lebten sie wie Venedig und Genua vom Überseehandel. Während Venedig vom Meer umgeben ist, liegt Mekka in der Wüste, statt der Seeleute gibt es Nomadenkarawanen. Um die christlichen Städte herum lebten Bauern, rund um Mekka nur Beduinen. Als Bürger von Mekka und Medina war Muhammad dazu gezwungen, die Nomadenstämme seiner Umgebung in sein religiöses Denken einzubeziehen. Er machte sie zu den Soldaten seiner Religion.

Natürlich hatte er keine besondere Achtung vor ihnen. Er konnte sich nicht vorstellen, gute Muslime aus ihnen zu machen.

Ohne fließendes Wasser waren die Nomaden nicht in der Lage, die obligatorischen reinigenden Waschungen vorzunehmen – ganz zu schweigen vom Gebot, sich freitags zur Predigt in der großen Moschee zu versammeln.

Andererseits brauchte Muhammad die Nomaden als Verbündete. Für die Karawanenstädte waren sie unentbehrlich, da diese nur fortbestehen konnten, solange die Wege der Karawanen von den umherziehenden Stämmen nicht überfallen wurden. Muhammad benutzte die Nomaden im Namen des neuen Glaubens. Die Nachfolger des Propheten bedienten sich ihrer, um die Stämme des Hidjas zum Dschihad zu versammeln. So wurde ihre kriegerische Energie auf Nicht-Muslime in den byzantinischen und persischen Agrarregionen nördlich von Arabien gelenkt. Gleichzeitig erlangten die muslimischen Städte Frieden und Macht.

Die Bewohner in den zivilisierten Ländern wurden bis zum 15. Jahrhundert von Nomaden überfallen. Erst durch massiven Einsatz der Artillerie konnten die Seßhaften die bedeutenden Nomadenstämme besiegen. Glücklicherweise waren die Nomaden untereinander in Clans gespalten, und die großen Imperien triumphierten dank ihrer Organisation, die sie ihnen entgegensetzten (z. B. den römischen Limes und die Chinesische Mauer).

Als die Imperien zerfielen und sich die Stämme vereinten, gewannen letztere die Oberhand. Die Mongolen aus den Steppen überfluteten regelmäßig das Chinesische Reich. Die barbarischen Viehzüchter aus den Ebenen Europas konnten in das Römische Reich eindringen: Alemannen, Burgunder, Franken und andere Germanen, nicht zuletzt auch Slawen.

Bis zu Muhammad waren die arabischen Beduinen

aus den Wüsten im Süden untereinander derart zerstritten, daß sie für die Byzantiner oder die Perser keine Bedrohung darstellten. Erst der Islam einte sie. Dadurch erlangten sie eine militärische Überlegenheit, die ihre Eroberungen erst ermöglichte. Auf den ersten Blick wiederholten sich im Süden die sogenannten «großen Invasionen», die einige Jahrhunderte früher von Norden her über das Römische Reich hereingebrochen waren. Und doch besteht ein wesentlicher Unterschied zwischen diesen beiden Invasionen der Barbaren.

Die Religionen der europäischen Barbaren zeichneten sich durch ein mäßig strukturiertes Heidentum aus, eine «schwache» Ideologie also. Außerdem waren sie von der Kultur des Reiches, das sie zerstörten, fasziniert. Chlodwig träumte davon, römischer Patrizier zu werden. Die Kirche trieb ihm eine gute Christin ins Bett, die ihn zivilisierte: «Beuge den Kopf, stolzer Sugambrer», soll der Bischof von Reims dem Barbarenführer bei der Taufe gesagt haben. In diesem Klischee steckt ein Körnchen Wahrheit. Auch der mongolische Eroberer wurde schnell chinesischer als die Chinesen, nachdem er auf dem Thron der Han Platz genommen hatte. Sehr rasch wurden die Eroberer von ihren Eroberungen assimiliert. Die Religion der Beduinen hingegen ist eine «starke» Ideologie (in dem Sinne, den die Physik den Adjektiven «stark» und «schwach» beimißt).

Eine Religion oder Ideologie kann «stark» oder «schwach», «geschlossen» oder «offen» sein. Eine schwache Religion verfügt nur über geringe Anziehungskraft, eine starke wirkt sehr «magnetisch». Eine offene Religion nimmt alles auf, eine schwache ist nur in bescheidenem Maße aufnahmefähig. Verschiedene Kombinationen sind möglich.

Eine offene Religion kann stark oder schwach sein. Ist sie schwach, dann beruht ihre Fähigkeit zur Öffnung darauf, daß ihre ursprüngliche Botschaft nicht sehr anziehend wirkt. Ist sie stark, so ergibt sich ihre Fähigkeit zur Öffnung aus der Lehre selbst.

Für eine Ideologie ist jene Kombination selbstverständlich am günstigsten, bei der sich Stärke (die bindet, die eigentliche Bedeutung des Wortes «Religion») mit Öffnung verbindet (die Entlehnungen ermöglicht bzw. Verachtung verhindert). Am furchtbarsten wirkt die Kombination aus Stärke und Abgeschlossenheit.

Nun ist der Islam des Dschihad gleichzeitig stark und geschlossen. Aus diesem Grund konnten und wollten sich die Beduinen den eroberten byzantinischen und persischen Kulturen nicht anpassen. Sie fühlten sich den Besiegten weit überlegen. Sie wollten den nichtmuslimischen Einheimischen nicht gleichen und hatten nur Verachtung für sie übrig. Dieser Zustand hatte schreckliche Folgen. Die Allianz der Medinenser mit nomadischen Kämpfern, die über eine starke Religion miteinander fest verbunden waren, brachte ein zerstörerisches Potential hervor. Hier wird eine jener verborgenen Wahrheiten sichtbar, über die gewöhnlich nicht gesprochen wird. «Verborgene Wahrheit» bedeutet keineswegs, daß sie nie formuliert wurde. Viele Historiker haben dieses Thema aufgegriffen, darunter Henri Pirenne in den fünfziger Jahren.[1] Niemand ging dabei so weit wie Xavier de Planhol in seinem leidenschaftslosen, beschreibenden und argumentierenden Essay über den Islam.[2] Bruchstücke dieser Wahrheit werden ebenfalls in Fernand Braudels voluminösen Werk über die mediterrane Welt sichtbar.[3]

Kann es sein, daß «verborgene Wahrheit» gar nicht die «nicht ausgesprochene These» bezeichnet, sondern vielmehr die «nicht rezipierte Wahrheit»?

Die menschliche Fähigkeit, die Augen zu verschließen, ist groß. Die fromme Legende dauert an, der postkoloniale Schuldkomplex sitzt gar zu tief! Die Rede von der verborgenen Wahrheit meint folgendes:

Die Allianz der muslimischen Städte mit den Nomaden (die als Eroberer gegen jede Faszination ihrer Eroberungen immun blieben) führte zu einer der größten Katastrophen, die sich vor den beiden Weltkriegen ereignete (höchstens vergleichbar mit jener Katastrophe, die den präkolumbianischen Gesellschaften durch die spanische Eroberung widerfuhr).

Vor Muhammads Tod im Jahre 632 waren der Süden und Osten des Mittelmeerraumes zusammen mit China die am weitesten entwickelten Regionen der Erde. Sie hatten unter dem Zusammenbruch des Römischen Westreiches kaum gelitten, da sie durch Byzanz geschützt wurden. Die Landwirtschaft begann zu prosperieren: in Afrika durch intensiven Ackerbau, in Ägypten und Mesopotamien dank künstlicher Bewässerung. Die Städte waren noch immer die großen griechischen Metropolen der Antike: Alexandria und Antiochia finanzierten einen wichtigen Teil des griechisch-römischen Kulturbereiches. Ausgerechnet in dieser behüteten Region folgte achthundert Jahre lang eine muslimische Eroberung der anderen bis zum Fall Konstantinopels, der letzten Zuflucht des Hellenismus, im Jahre 1453.

Von 633 bis 1453 dauerte die achthundertjährige Herrschaft der Nomaden.

Zuerst kamen arabische Stämme, deren Raublust schnell befriedigt war. Anschließend wurde der Norden Afrikas vom Stamm der «Bann Hilal» erobert, die sich durch Grausamkeit auszeichneten. Der fatimidische Sultan aus Kairo hatte sie 1051 gen Westen gesandt, um einen allzu unabhängig gewordenen Maghreb zu bestrafen. Ihnen folgten die islamisierten Berberstämme. Sie eroberten Spanien in mehreren Wellen (Tarik, der seinen Namen «Dschabal Tarik» Gibraltar gab, war Algerier). Dann kamen die mauretanischen Stämme der Almoraviden und Almohaden. Der demographische Niedergang der Nomaden aus dem Süden führte zu ihrer Ablösung durch die inzwischen islamisierten großen Nomadenstämme aus den zentralasiatischen Steppen: den Türken.

Die Türken verliehen der Eroberungswelle neuen Schwung, die vor dem byzantinischen Anatolien zu verebben drohte. Die Niederlage des byzantinischen Kaisers Romanos IV. Diogenes gegen die Türken im Jahre 1071 bei Mantzikert im Osten der heutigen Türkei ist ein Schlüsseldatum für den unvermeidbaren Niedergang Konstantinopels.

Nach einer langwierigen und schwierigeren Phase der Islamisierung überfielen schließlich die Mongolen den Nordwesten Indiens, um sich dort niederzulassen. Als Symbol dafür steht der Name des großen türkisch-mongolischen Eroberers Tamerlan.

Die Ritter Allahs waren über Marokko bis nach Pakistan eingebrochen: «Wie ein Schwalbenschwarm stürzten sie sich darauf, mißbrauchten und zerstörten alles auf ihrem Weg», schrieb Ibn Khaldun, ein guter Muslim, den man der Einseitigkeit nicht bezichtigen kann. Die Armeen Allahs waren schlimmer als die Schwalben, denn bekanntlich dauerte ihr Einbruch ja achthundert Jahre.

Das Ende dieser Entwicklung kam einer Katastrophe gleich. Der Mittelmeerraum war «entzweigebrochen», wie Pirenne schreibt. Alexandria und Antiochia sanken zu Dörfern herab (die zahlreichen militärischen Karawanenstädte konnten diesen Verlust nicht kompensieren), die Landwirtschaft war zerstört.

Das galt besonders für den Norden Afrikas. Vor der Invasion der «Bann Hilal» gab es in der Cyrenaika Tausende von landwirtschaftlichen Betrieben und Höfen. Übrig blieb davon nichts. Die letzten griechischen Städte verschwanden. Die Beduinen stellten ihre schwarzen Zelte zwischen die Ruinen von Kyrene auf (wo Platon die Inspiration zu seiner *Politeia* und seinem *Kritias* gefunden hatte). Die Höhlengräber der berühmten Metropole wurden zu Ställen.

Im Nahen Osten das gleiche Bild. Seit ewigen Zeiten war Mesopotamien wohlhabend. Am Ende der islamischen Invasion wurde das Gebiet in eine Wüste verwandelt, durchquert von zwei Flüssen. Nur Ägypten und die iranischen Oasen konnten dem Ansturm widerstehen.

Im Vergleich zu früheren Zeiten fielen sie ebenfalls weit zurück. Planhol nennt diesen Vorgang eine «allgemeine Beduinisierung» vom Atlantik bis zum Indus. Die «Zelte» der Araber, ihre Lebensweise als Nomaden und die türkisch-mongolischen Lager brachten die Dörfer völlig zum Verschwinden.

Der Bevölkerungsrückgang war beträchtlich. In der Cyrenaika lebten zur Zeit der griechischen Herrschaft um die fünfhunderttausend Menschen, unter dem muslimischen Diktat wohnten hier noch fünfzigtausend!

Die ersten Verfechter des Islam waren Nomaden, für die Zivilisation ein glücklicher Umstand, denn es gelang ihnen nicht (bis auf eine Ausnahme), sich über die geographischen Grenzen hinaus zu verbreiten (die im ganzen gesehen noch die des heutigen Islam sind). Sie waren nicht in der Lage, die Klimazone der Sahara zu verlassen (mit einer anderen Ausnahme). Den nomadischen Viehhirten kamen die Steppen und vielleicht noch das offene Gebirge entgegen. Steile Berge, dichte Wälder und tropische Viehkrankheiten stoppten sie.

Die Gebirge des Libanon und des Jemen wurden genau wie das Niltal zum Zufluchtsort der Bauern. Folglich bestanden in Oberägypten und im Jemen alte vorislamische Kulturen fort (die in Oberägypten christlich geblieben waren und im Jemen oberflächlich islamisiert wurden). Die Heerscharen Allahs unternahmen nur Abstecher in die afrikanischen Wälder. Der indische

Monsun schreckte sie auf Dauer ab. Jenseits der Dardanellen und Gibraltars gelang es ihnen nicht, ihre Eroberungen zu halten. Das feuchte Europa war nicht für sie gemacht. Folglich ließen sich die Bauern auf dem Balkan und in Asturien nieder. Nördlich der Pyrenäen unternahmen die Muslime nur vereinzelt Vorstöße.

Im Unterschied zu anderen Religionen (bis auf eine Ausnahme) ist der Islam unlösbar an jene Weiten geknüpft, die ihn hervorbrachten. Er schuf sich seine Landschaft, verließ sie aber nie ernstlich. Letzten Endes blieb der Islam lange, sehr lange sogar eine Religion, die in der Wüste geboren wurde und Wüsten hinterließ, selbst wenn die Orientalisten über diese Feststellung toben. Sie läßt sich nicht leugnen.

Córdoba, Granada, Damaskus und Bagdad sind gleichfalls historische Tatsachen, die die Arabisten nicht erfunden haben. Jede dieser Städte erlebte etwa zweihundert Jahre lang Ruhm und Blüte. Sie sind islamische Schöpfungen, aus dem Nichts erwachsene Medinas (mit Ausnahme von Damaskus). Von diesen omayyadischen, abbasidischen oder andalusischen Städten aus entfaltete sich der Ruhm des Islam.

Sollte Xavier de Planhols Beweisführung doch falsch sein?

«In weltgeschichtlicher Perspektive war für die neue Religion der Triumph des Nomadentums, der Rückgang des seßhaften Lebens und eine allgemeine Beduinisierung kennzeichnend – wenngleich manchmal mit einer gewissen Verschiebung.» [4]

Jetzt wird verständlich, daß Córdoba, Damaskus und Bagdad ihre Blüte erst zwei- bis dreihundert Jahre nach ihrer Gründung erlebten, also während jener «gewissen Verschiebung», von der Planhol spricht. Das ist die segensreiche Zeit der frommen Legende, der die wahrhaft Gläubigen noch immer voller Nostalgie nachweinen.

Warum erlosch diese Blütezeit?

Die Antwort könnte folgendermaßen lauten: Die nomadischen Eroberer kamen in aufeinander folgenden Wellen und waren nicht sehr zahlreich, vermutlich ein paar zehntausend Araber, Türken, Mongolen oder Mauren. Sie unterjochten sehr alte Kulturen, byzantinische, persische und römische (genauer gesagt westgotische, was Spanien angeht).

Wahrscheinlich spielte sich folgendes Geschehen ab. Diese nicht assimilierbaren Eroberer, Feldherren oder Gouverneure regierten gezwungenermaßen nur zwei- bis dreihundert Jahre über Völker, die Christen, Mazdaier oder Hindus geblieben waren. Nachdem unter ihrer Herrschaft der Frieden wiederhergestellt wurde, kam es nicht gleich zu einem Niedergang der alten Kulturen. Im Gegenteil. Unter islamischer Herrschaft erstanden sie sogar zu neuer Blüte – als unfreiwilliges Ergebnis einer kulturellen Vermischung, die von den Arabern ausging, da sie nun einmal herrschten, Frieden und Verkehrswege sicherten.

Das ist die Epoche eines großen «multikulturellen und -konfessionellen» Reiches, das unter der Führung der Kalifen Spanien, Persien und Indien zusammenführte. Das heißt nicht, daß die Kalifen der Scharia untreu geworden wären, doch sie verfügten ganz einfach nicht über die Mittel, sie auch durchzusetzen.

Lange Zeit blieben die Völker unter muslimischer Herrschaft ihren alten Traditionen verhaftet. Im 7. Jahrhundert war einer der berühmtesten «Kirchenväter», der heilige Johannes Damaszenus, eine Art Finanzminister der arabischen Fürsten.

Dies war eine Periode größter Wirkung und Verbreitung des Islam, als die neue Religion ihre Lebenskraft aus den letzten Feuern der Antike bezog. Die griechischen und römischen Patriziervillen verwandelten sich zu der Zeit in maurische bzw. im Herrschaftsgebiet der Omayyaden liegende Wüstenpaläste. Die sassanidischen Kuppeln mit ihren charakteristischen Keramikhauben (die Form findet sich später in Rußland wieder) wurden zu Moscheekuppeln (die Moscheen der Sultane in Konstantinopel sind das Vorbild für die Hagia Sophia, die griechische Architekten erst viele Jahre später errichten werden, unter ihnen der berühmte Sinan).

Anfangs setzte der Islam nur das Verbot der bildlichen Darstellung des Menschen durch, das in Form «ikonoklastischer» Häresie fast das orientalische Christentum erobert hatte.

Zugleich haben wir es mit einer Epoche der Philosophen und Gelehrten zu tun.

All dies konnte nicht von Dauer sein.

Zweifellos waren die Muslime eine Zeitlang gezwungen, sich an die massive Anwesenheit der «Ungläubigen» zu gewöhnen. Sie billigten ihnen allerdings nur einen niederen gesellschaftlichen Status zu. Selbst Johannes Damaszenus konnte nicht Minister eines muslimischen Herrschers bleiben und mußte wieder hinter seinen Klostermauern verschwinden. Sobald faktisch die Möglichkeit dazu bestand, hatten alle Beamten «Gehorsame» zu sein. Schlimmer noch. Der Scharia nach lasteten die Steuerzahlungen allein auf den Nicht-Muslimen, während die wahren Gläubigen davon befreit waren. Die Konversionen häuften sich. Das erleichterte schließlich den gesellschaftlichen Aufstieg und sparte Steuern. Als die Mehrheit der Bevölkerung nicht mehr aus Christen, Mazdaiern oder Hindus bestand, war es mit solch andalusischen Wundern vorbei.

Sie gingen jedoch nicht ganz unter: Das osmanische Konstantinopel bewahrte etwas von der Größe Byzanz' (bis 1919 blieb es zum großen Teil sogar christlich). Das hinreißende Sana ist wie alle jemenitischen Städte, die zum Gebirge hin liegen, bis heute vollständig erhalten (und stark vorislamisch geprägt). Das Genie der Perser schuf mitten im 17. Jahrhundert das wundervolle Isfahan, vielleicht die schönste architektonische Leistung des Islam.

So gesehen drückt sich in Planhols niederschmetterndem Urteil von der «allgemeinen Beduinisierung» nur ein Teil der Wahrheit aus. Die Aufklärer trafen bei ihrer ägyptischen Expedition ohne Zweifel auf diese Welt der Beduinen (der Mamelucken), als sie 1798 das Land der Pharaonen betraten und damit das Zentrum des Islam.

Anmerkungen

1 *Les grands Courants de l'Histoire universelle* (Die großen Strömungen der Weltgeschichte), Paris 1950/51.
2 *Kulturgeographische Grundlagen der islamischen Geschichte*, Zürich 1975.
3 *Das Mittelmeer und die mediterrane Welt in der Epoche Philipps II.*, Frankfurt a. M. 1990.
4 Siehe Anm. 2.

V. Der Islam
und die Französische Republik

Der Dar al-Islam, das «Haus des Islam», konnte nicht verhindern, daß er von der modernen Welt heimgesucht wurde. Auf politischer Ebene erfolgte dies bereits während der Kolonialzeit, auf psychologischer Ebene hingegen geschah das lange Zeit vorher.

In den muslimischen Ländern steht dem Fundamentalismus eine Moderne gegenüber, die über verlockende Güter verfügt. Fernsehen, Radio, Importprodukte, im Westen lebende Glaubensgenossen, Touristen, Experten, die medizinische Versorgung, unverschleierte Frauengesichter, all dies ist für die Freitagsprediger in den Moscheen eine ernst zu nehmende Konkurrenz. Dieser Wettstreit ist noch nicht entschieden.

Seit Bonaparte sind etliche Muslime vom Abendland fasziniert. Überall im Dar al-Islam kamen die Modernisten nach und nach an die Macht. Erst heute wird das Scheitern jener Politiker sichtbar, die man «Nasserianer» nennen könnte. Gamal Abd el-Nasser verstaatlichte 1956 den Suezkanal. Er gab der arabischen Moderne ein Gesicht, überlebte jedoch 1967 die Folgen des Sechstagekrieges nicht. Als Houari Boumedienne starb, war Algerien bankrott. Der irakische Präsident Saddam Hussein sah nur im Krieg einen Ausweg. Ghadafi verfolgt noch immer seinen vergeblichen Traum in der Isolation.

Diese Aufzählung ist keineswegs vollständig.

Es gibt Gründe für das Scheitern all dieser Männer.

Alle wollten den Staat modernisieren, aber keiner wagte es, den Islam als religiöse Macht zu modernisieren. Schlimmer noch. Sie handelten alle nach Napoleons Grundsatz, daß eine Religion fürs Volk zu fördern sei – mit dem Ergebnis, die konservativsten Kräfte im Islam zu begünstigen und sich ihnen unterzuordnen. Nasser unterdrückte die Muslimbruderschaften nur deshalb, weil sie sich ihm politisch widersetzten. Kein Reformer riskierte es, die Nabelschnur zu zerschneiden, die den Staat an die Religion band, mit einer Ausnahme.

Der türkische Reformator Kemal Atatürk wagte es, die Trennung von Kirche und Staat zu proklamieren und praktizierte darüber hinaus die Neutralität des Staates religiösen Fragen gegenüber. Er setzte die Einführung des lateinischen Alphabets sowie des Gregorianischen Kalenders durch, er verbot das Tragen von Schleier und Fez und gestattete den Alkoholgenuß. Er war willens, sich für die Gleichberechtigung der Frauen einzusetzen, angefangen bei seiner eigenen. Er verbarg niemals seine tiefe Abneigung Muhammad gegenüber (es lassen sich dafür Hunderte von Belegen finden). Seine Wirkung auf den Staat war enorm, seine Wirkung auf die Religion gleich Null.

Im Krieg mit Griechenland retteten die türkischen Bauern 1922 lieber mit Hilfe eines atheistischen Generals ihr bedrohtes Vaterland, als es mit dem Sultan der Gläubigen zu verlieren. Würden sie heute die gleiche Wahl treffen, Patriotismus über Religion stellen? Sicher ist das nicht. Die Türkei ist gewiß keine Demokratie nach westlichem Muster geworden, doch sie entwikkelt sich weiter und wird sich modernisieren. Allerdings sind Prediger und Muslimbruderschaften wieder in den Kampf gezogen und gewinnen an Boden: An den Universitäten taucht der Schleier wieder auf.

Nasserianer und Kemalisten hatten sich darangemacht (wenn auch mit unterschiedlichem Erfolg), den Staat zu modernisieren. Keiner von ihnen, nicht einmal Kemal Atatürk selbst, versuchte sich an der Modernisierung des Islam. Das wäre die eigentliche Herausforderung gewesen, denn als Religion prägt der Islam das gesamte gesellschaftliche Leben. Kann er moderner werden, ohne seine Seele zu verlieren? Ist er in der Lage, sich zu öffnen?

Religionshistoriker, die noch die marxistische Vulgata gebrauchen, weigern sich, so zu fragen. Für sie ist jede Religion, je nach äußerem Umstand, offen oder geschlossen. Sie sehen im Islam nur eine Religion wie jede andere. Auch ein Orientalist wie Bruno Etienne ist dieser Meinung.[1] Ihre Analyse stimmt teilweise.

Alle Religionen, alle Ideologien haben Phasen der Abgeschlossenheit, der Intoleranz und des Fanatismus durchlebt, angefangen beim Marxismus, der als Leninismus in den Gulags endete. Das Christentum konnte ausgehend von der *Bergpredigt* in die Inquisition abgleiten. Im Namen des Buddhismus, der friedliebendsten aller Religionen, wurde getötet. Die Hindus wollen heute das «Taj Mahal» unter dem Vorwand zerstören, es sei auf den Ruinen eines ihrer ehemaligen Tempel gebaut!

Trotz alledem sind die Religionen aufgrund ihrer heiligen Schriften mehr oder weniger offen oder geschlossen. Die Bedeutung dieser Urtexte gerät allzu sehr in Vergessenheit. Gerade von der Art dieser Texte hängt es ab, wie offen oder geschlossen eine Religion ist. Die größten Eiferer haben nämlich die dumme Angewohnheit, sich unaufhörlich auf sie zu berufen.

Zum Beispiel das Christentum: Was fromme Christen in den Evangelien zu finden wußten, in «diesen wilden orientalischen Texten», wie Charles Maurras befand, das hat die christlichen Institutionen immer wieder erschüttert und ließ Reform- als auch Protestbewegungen entstehen.

Wenn ein christlicher Diktator das *Magnificat* singt, in dem es heißt, «Machthaber stürzet er vom Throne», dann müßte ihm unwohl werden.

Welch ein Pech für die christlichen Geistlichen, daß sie sich auf einen Text beziehen mußten, der den Klerikalismus verurteilt. In seiner langen Geschichte kannte das Christentum Zeiten der Intoleranz und des Fanatismus, nichtsdestoweniger entschlüpften ihm die Menschenrechte und die (politischen und industriellen) Revolutionen wie Schmetterlinge ihrer Puppe.

Der Islam hat sie bis heute nicht hervorgebracht. Seine heiligen Schriften, Koran, Hadithe und Scharia, eignen sich weniger zu solcher Verwandlung.

Verschließen sie sich ihr womöglich ganz?

Ein Beispiel aus der Geschichte veranlaßt uns dazu, die Frage mit Nein zu beantworten.

Bisher war vom Islam zwischen Marokko und Pakistan die Rede, vom Islam als Ergebnis einer historischen Allianz zwischen den Medinensern und den Beduinen. Doch neben dem kriegerischen Islam existiert noch ein anderer.

Im Indischen Ozean war die Verbreitung der Religion Muhammads nicht das Werk von Soldaten. Die Nomaden waren nämlich unfähig, zur See zu fahren (ihre Seeschlachten im Mittelmeer waren nur deshalb möglich, weil sie christliche Seeleute in ihre Dienste nahmen).

In den südlichen Meeren lag der Islam zwangsläufig in den Händen muslimischer Seeleute aus Maskat oder dem Hadramaut. Er war nicht Folge des Heiligen Krieges, sondern des Handels.

Bedeutende Seewege existierten lange vor der Islamisierung zwischen dem Süden Arabiens und Indonesien, dem Osten Afrikas und Malaysia. Dank der regelmäßig wiederkehrenden Monsunwinde trugen Seeleute die Botschaft des Propheten in jene Breiten. So entwickelte sich erstmals auf friedlichem Wege ein «maritimer» Islam, der mit Dschihad und militärischer Expansion nichts zu tun hatte. Hier fehlt das zerstörerische Moment des Islam.

Bis jetzt war davon noch nicht die Rede, weil er die Ausnahme von der Regel ist, wenngleich eine vielversprechende Ausnahme. Die Atmosphäre in diesem maritimen Islam zwischen Sansibar und Djakarta (mit dem Zentrum Indonesien) ist völlig verschieden von der Strenge, die die islamischen Gesellschaften anderswo in der Welt charakterisiert. Man möchte meinen, die Scharia würde hier offener, weniger rigide ausgelegt.

Zitieren wir noch einmal Xavier de Planhol. Als vorurteilsloser Geist hat er selbstverständlich auch die Ausnahme seiner These untersucht: «Sexuelle Freiheit und dogmatische Toleranz, fehlende soziale Zwänge und Nichtbeachtung der muslimischen Bräuche – beispielsweise ist die Gewohnheit weit verbreitet, mit entblößtem Kopf zu arbeiten –, kritischer Geist und Wettbewerb, Gefallen an barocken Ornamenten und Festen, Nonkonformismus, all dies ist Ausdruck einer Seemannsmentalität, die die Abenteurer des Meeres von den Beduinen der Wüste vollkommen unterscheidet.»

Diese maritime Variante des Islam ermöglicht es nun, die oben gestellte Frage zu beantworten: Die muslimischen Gründungstexte verschließen sich nicht völlig der Veränderung und Öffnung. Man muß auf die Zukunft hoffen. Ja, der Islam ist anpassungsfähig. Übrigens steht die Republik Indonesien derzeit inmitten einer industriellen Umbruchphase und ist im Begriff, der «neue Drache» Südostasiens zu werden. Warum sollte dem Islam unter dem Zwang der Moderne nicht noch einmal das gelingen, was er bereits unter den Bedingungen des Meeres zustande brachte?

Es ist wichtig zu wissen, daß sehr wohl die theologische Möglichkeit besteht, die Scharia auszulegen. Kürzlich bemerkte selbst Jacques Berque, daß *nach* dem Tod des «Schönen Vorbildes» die «Interpretationsmaschinerie» mehr als zweihundert Jahre lang arbeitete[2], von der Hidschra bis zum 9. Jahrhundert christlicher Zeitrechnung. In dieser Zeit nahmen Sunna und Scharia – ausgehend vom ursprünglichen Korantext – ihre eigentliche Gestalt an. Diese «Interpretationsmaschinerie» müßte nur wieder in Gang gesetzt werden.

«Theologisch» gesehen sind neue Deutungen durchaus möglich, selbst wenn es seit langer Zeit keine mehr gab.

Für die Entwicklung der muslimischen Länder sind sie absolut notwendig, vorausgesetzt, sie lassen den Fundamentalismus hinter sich. Der Fundamentalismus erscheint als Ausdruck von Vitalität, in Wirklichkeit ist er ein Vorbote des Todes.

Fundamentalismus bedeutet Erstarrung, Totenstarre. Eine wahrhaft lebendige Religion entwickelt sich und paßt sich an.

Selbstverständlich ist diese Entwicklung Sache der Muslime selbst. Die mutigsten unter ihnen haben mit dieser Arbeit begonnen. Slimane Zéghidour erwähnten wir bereits.[3] Auch die Ungläubigen können dazu beitragen, indem sie sich weigern, das «stillschweigende Einverständnis mit den Orientalisten» nicht länger mitzumachen und das komplizenhafte, komplexbeladene Schweigen beenden.

Was könnten die ersten Schritte zur Erneuerung des Islam sein? Drei Dinge sind vordringlich.

Erstens müssen es die Muslime akzeptieren, die Wirklichkeit so zu sehen, wie sie ist. Selbst wenn sie heute aus militärischen Niederlagen, wirtschaftlichen Desastern oder demokratischem Versagen besteht. Schließlich ist es der Bundesrepublik und Japan nach 1945 auch gelungen, «dem nicht Akzeptablen ins Auge zu sehen», wie der damals in Tokio regierende Tenno feststellte.[4] Beide sind inzwischen wirtschaftliche Weltmächte.

Wenn man manche Kommentare zum Golfkrieg hört, so muß man an die harten Worte des iranischen Philosophen Dariusch Shayegan denken: «Gerede, das nur die eigenen Illusionen nährt.»[5]

Sodann muß der Islam lernen, die Arbeit zu achten, landwirtschaftliche und industrielle Arbeit, sowie die wissenschaftliche Forschung.

Schließlich und endlich sollten die muslimischen Weisen schnellstens die Situation der islamischen Frau verändern. Landarbeit und die Stellung der Frau ... das sind die dringenden Aufgaben!

Warum?

Die Frau und die Landarbeit sind die beiden Grundpfeiler der Zivilisation, die sich im mediterranen Kult der «Mutter Erde», der «guten Mutter» von Marseille und der «großen Artemis» von Ephesos verbinden.

Könnten die muslimischen Frauen den Schleier ablegen, außer Haus arbeiten, am gesellschaftlichen und politischen Leben teilnehmen wie Benazir Bhutto, so wäre die Religion, die sie einschließt, gerettet, weil sie die Frauen befreit hätte und diese befreit wären.

Die Gleichstellung der Frau ist unbestritten Grundlage jeder ernsthaften Reform in islamischen Ländern, jeder Reform des Islam selbst. Die «Frauenfrage» darf für die Muslime nicht der Titel eines Staatssekretärs bleiben wie in Frankreich, sondern ist ein notwendiger Schritt in jede nur denkbare Zukunft.

Diese Erneuerung des Islam könnte durch die Immigration beschleunigt werden.

Millionen von Muslimen leben heute auf absehbare Zeit außerhalb des Dar al-Islam, im Westen, besonders aber in der Französischen Republik, einem weltlichen Staat mit einer universalistischen Staatsbürgerschaft.

Eine «Integration», wie die Regierenden unserer Republik sie wünschen, wäre eine Chance für Frankreich, das wegen seiner niedrigen Geburtenrate ständig neues Blut braucht. Es wäre auch *eine Chance für den Islam*[6], wie es im Titel eines kürzlich erschienenen Buches heißt.

Andererseits wären die französischen Muslime gezwungen, sich an die Gesetze der Republik zu halten und die Gesetze des Islam neu zu interpretieren.

Eine solche «Neuinterpretation» ist theoretisch und theologisch möglich.

Zum Beispiel könnte Frankreich dies mit der Einrichtung einer modernistisch ausgerichteten theologischen Fakultät unterstützen. In Fachkreisen wird Straßburg als möglicher Standort vorgeschlagen. Das dort geltende Verwaltungsrecht des Konkordats erkennt theologische Habilitationsschriften, anders als im übrigen Frankreich, staatlich an. Durch einen schöpferischen Irrtum, einem historischen Relikt, könnte sich das in Elsaß-Lothringen geltende Konkordat als eine zukunftweisende Kraft erweisen: für die Entwicklung einer fortschrittlichen muslimischen Theologie, die es bislang nicht gibt, der es jedoch dringend bedarf.

Andere Fachleute empfehlen, die Studiengänge für Arabistik und Islamwissenschaft an den großen Universitäten in Südfrankreich auszubauen. Wenn solche Fächer dem Monopol einiger weniger, übervorsichtiger Orientalisten entzogen würden, könnte sich das für Montpellier und Aix positiv auswirken.

In ähnlicher Weise förderte der ehemalige Innenminister Pierre Joxe mit größter Geduld den Zusammenschluß eines repräsentativen Islamischen Rats als Ansprechpartner des Staates.[7]

Derzeit schlagen die muslimischen Einwanderer, von einigen schon genannten Ausnahmen abgesehen, diesen Weg eines erneuerten Islam nicht ein.

Viele von ihnen werden französische Staatsbürger, fleißig, geschäftstüchtig und weltlich, wie es der Verein «France-Plus» und sein Vorsitzender Arezki Dahmani befürworten. In diesem Prozeß lösen sie sich meist von ihrer früheren Religion, die nur noch als blasse Erinnerung in ihren Köpfen weiterlebt.

Die anderen Einwanderer, nicht weniger zahlreich, leben eingezwängt in Gettos, sind arbeitslos oder durch die Aggressivität des modernen Lebens verängstigt und flüchten in die trügerische Sicherheit des Islam. Sie kehren in den Mutterschoß der Umma zurück, wie Gilles Kepel in seinem Buch *Les Banlieues de l'islam*[8] so treffend schreibt. Man kann nur hoffen, daß eine theologische Erneuerung des Islam durch das lange Zusammenleben der Muslime als anerkannte Minderheit in Frankreich mit den sich in der Mehrheit befindenden «Ungehorsamen» zwangsläufig eintritt. Wenn man jedoch möchte, daß Interpretationen der Scharia entstehen, die es den gesellschaftlich integrierten Muslimen erlauben, ihre Traditionen zu pflegen und sich harmonisch in eine Gesellschaft einzugliedern, die ganz verschieden ist von der vom Propheten erdachten Medina, dann bedarf es einer grundlegenden Voraussetzung. Die Republik darf in ihren Gesetzen nicht nachgeben. Sie muß an ihrem Prinzip der Laizität festhalten, an ihrem Familienrecht, an ihren Normen des gesellschaftlichen Lebens. All jene, die die «multikulturelle Gesellschaft» predigen, wie Alain Touraine[9], und jene streitbaren Bürger, die vom «Recht auf Unterschied» sprechen, verkennen, daß das französische Modell historisch gewachsen ist. Die Französische Republik erkennt keine Institution an, die zwischen Staat und Bürgern steht – mit einer einzigen Ausnahme: dem Vereinswesen, das die Linke mit dem berühmten Vereinsgesetz von 1901 auch den Ausländern zugestand. Einige Mitglieder dieser Vereinigungen für die Rechte der Einwanderer sind vom angelsächsischen Modell fasziniert, in dem sich verschiedene «Gemeinden» gegenüberstehen, obwohl das Modell in den Vereinigten Staaten und Großbritannien nur schlecht funktioniert.

Vor allem vergessen diese streitbaren Bürger eine wesentliche Tatsache: Religionen verändern sich *nur* unter dem Druck der Notwendigkeit.

Gibt die Republik nach, so droht der archaischste Islam innerhalb der französischen Gesellschaft einen «Staat im Staat» zu bilden, der als Gegenreaktion fremdenfeindliche und rechtsradikale Reaktionen auslösen würde. Die «Kopftuchaffäre» war ein Symbol dafür. Ihre Bedeutung konnte nur herunterspielen, wer nicht nachdenkt. Nicht nur hier pflastern die guten Vorsätze den Weg zur Hölle.

Sagen wir es ganz klar: Die Französische Republik hat bereits zuviel von halal, koscher, Ramadan und katholischer Zensur geduldet. Sie muß ihren Bürgern und allen voran den Muslimen oder den Ausländern, die sie aufnimmt, klarmachen, daß ihre Religion gut und schön ist, aber nur innerhalb der für alle geltenden Gesetze.

Abgesehen vom Vereinsgesetz aus dem Jahre 1901 dürfte die Republik keine Sonderrechte für Juden, Katholiken oder Protestanten und auch nicht für Muslime oder Moon-Anhänger anerkennen!

Die französischen Gesetze müssen für alle dieselben sein. Der Staat muß auf ihre Einhaltung pochen, auch gegenüber den Ausländern, die das Recht haben, auf unserem Boden zu wohnen.

Vor allem muß Frankreich mit seiner «Erklärung der Menschenrechte» jene Rechte der Frau durchsetzen, die seinen eigenen Grundlagen entsprechen.

Wie sähe dann die Zukunft aus?

Unter dem Druck dieser republikanischen Notwendigkeit, vorausgesetzt, sie ist in sich gefestigt und von Dauer, würden die muslimischen Rechtsgelehrten zum größten Wohl des Islam an die seit tausend Jahren unterbrochene, theoretisch jedoch mögliche Tradition einer «muslimischen Interpretation» anknüpfen – mit dem Resultat einer Neudeutung, wie sie der islamophilste unserer Orientalisten, der große Jacques Berque, herbeisehnt!

Dann fänden die Gelehrten, und das ist ihre Arbeit und nicht unsere, theologische Rechtfertigungen für den Fall des Schleiers, die Verpflichtung zur Monogamie und einen laizistischen Staat.

Schließlich predigten im letzten Jahrhundert auch katholische Theologen den «Anschluß» an eine Republik, die aus einer gottlosen Revolution hervorging und von Freidenkern regiert wurde.

Kämen doch die muslimischen Theologen dahin, ihrerseits den «Anschluß» an die moderne Welt zu predigen. Es würde nicht nur den Einwanderungsländern nutzen, es wäre vielmehr eine Chance für den Dar al-Islam, der endlich gezwungen wäre, sich wieder auf den Weg zu machen.

Offensichtlich ist dies der einzig mögliche Weg für die Muslime *hier* in der industriellen Welt. Auch *dort*, in den Ländern der Umma, die im Fundamentalismus nur Scheitern und Verzweiflung finden können, ist das der einzig mögliche Weg.

Wäre sich die Französische Republik ihrer Gesetze sicher, so müßten sich die Muslime *hier*, nach zehn, nach zwanzig Jahren freilich, der Moderne anpassen.

Damit die Reform auch *dort* greift, dürfen die Industrieländer und die moderne Welt nicht in zehn oder zwanzig Jahren durch soziale Implosionen und eine lasche moralische Haltung zusammengebrochen sein. Eine stabile Moderne ist unwiderrufbar. Der Islam wäre gezwungen, sich ihr zum größten Nutzen der Menschheit anzupassen oder zu verschwinden.

Vorausgesetzt, die moderne Welt existiert weiter.

Dazu ist eine Bedingung unabdingbar: Die industrialisierte Welt muß ihre Werte reinterpretieren; auch sie ist zu einer «Neuinterpretation» dessen gezwungen, was an Religionen und am Patriotismus wertvoll ist, welchen Sinn das Leben hat. Sie muß sich nicht mehr nur den Raum erobern, sondern auch die Zeit aneignen, indem sie Kinder zeugt, ihnen ihre Kenntnisse vermittelt und sie liebt.

Im Grunde hängt die Zukunft von einer zweifachen Verknüpfung ab: einer globalen, die die ganze Welt umfaßt, und einer symmetrischen.

Die Religion, und der Islam ist derzeit eine der stärksten religiösen Erscheinungen, muß sich der modernen Demokratie anschließen – und die moderne Demokratie an das, was am Glauben wesentlich ist!

Anmerkungen

1 *L'islam radical* (Der radikale Islam), Paris 1989.

2 In *Le Monde diplomatique*, September 1990.

3 *Le Voile et la Bannière*, s. S. 47.

4 In seiner Ansprache nach den Atombombenabwürfen auf Hiroshima und Nagasaki.

5 Interview in der Tageszeitung *Libération* vom 8. März 1991.
6 Pierre-Patrick Kaltenbach, *La France, un chance pour l'islam* (Frankreich, eine Chance für den Islam), Paris 1991.
7 Gemeint ist der CRIF, «Conseil de réflexion de l'islam en France», der 1989 gegründet wurde.
8 Paris 1991.
9 So Alain Touraine in seinem Artikel «Für eine multikulturelle Gesellschaft» in *Libération* vom 8. Oktober 1990.

Tahar Ben Jelloun

Mit gesenktem Blick

Roman
Aus dem Französischen von Uli Aumüller
256 Seiten. Gebunden

Ein marokkanisches Berbermädchen lebt in einem kleinen Dorf im Hohen Atlas. Es gibt kein Wasser, keinen Strom; in dem kleinen Ort leben nur noch Frauen, Kinder und Alte. Die Männer arbeiten in Frankreich. Eines Tages kommt ihr Vater und holt sie in die französische Hauptstadt. Dort erlebt sie staunend eine Welt, von der sie vorher nichts geahnt hat. Sie beginnt ein zweites Leben in dieser neuen Kultur, hin und her gerissen zwischen moslemischer Tradition und westlichem Individualismus.

«Erlebtes und Geträumtes, Realität und Phantasie, historische, mythische und märchenhafte Elemente und Halluzinationen... sind so ein Spiegel des komplexen und widersprüchlichen Lebens jener kulturellen Grenzgänger, die plötzlich aus einer Welt, die stillzustehen schien, in eine atemlose, vom Rhythmus moderner Technologien bestimmte Existenz überwechseln.»
Renate Wiggershaus, Frankfurter Rundschau

«Tahar Ben Jelloun gelingen hier eindrucksstarke und mythenreiche Erzählbilder, die uns betroffen den ‹Blick des anderen› erkennen lassen.»
Wolf Scheller, Rheinischer Merkur

Rowohlt

Tahar Ben Jelloun

Die Nacht der Unschuld

Roman
Aus dem Französischen von Eva Moldenhauer
rororo 12934

«Wunderbar, wie in den Fabeln orientalischer Märchenerzähler ... ist die fremde, magische, mystische Welt des Marokkaners Tahar Ben Jelloun. Doch es ist auch eine bizarre Welt, des Grauens, der nächtlichen Traumbilder und höllischen Schimären, der Delirien und Obsessionen, eine Welt der Unterdrückung, der gedemütigten und geschändeten Weiblichkeit unter der Männerallmacht des Islam.»
Der Spiegel

Sohn ihres Vaters

Roman
Aus dem Französischen von Christiane Kayser
rororo 12302

Die tragische Geschichte eines Mädchens, das zum Sohn erklärt und zum Mann erzogen wird. Nach dem Tod des strengen Vaters beschließt Ahmed jedoch, sein/ihr verborgenes Geschlecht zu erforschen. Tahar Ben Jelloun verfolgt das Aufblühen dieses zum Manne verbildeten Weibes, die Entdeckung ihrer Lust, ihre Gefährdung und ihre Zerstörung als sinnliches Wesen.

Tag der Stille in Tanger

Roman
Aus dem Französischen von Uli Aumüller
rororo 12823

An einem stürmischen Tag in Tanger liegt ein alter Mann in seinem Zimmer und wartet auf den Tod. Er weiß, daß er sich von seiner schweren Krankheit nicht mehr erholen wird, doch er will das Leben bis zur Neige auskosten. An einem einzigen Tag ringt der alte Mann dem Tod noch einmal ein ganzes Leben ab – «Tag der Stille in Tanger» ist eine Geschichte über das Altern, aber auch über die Macht der Phantasie.

Rowohlt

Freidoune Sahebjam

Die gesteinigte Frau

Die Geschichte der Soraya Manoutchehri
Aus dem Französischen von Renate Heimbucher
160 Seiten. Gebunden

Dieses Buch erzählt die wahre Geschichte von den letzten Tagen der Soraya Manoutchehri. Freidoune Sahebjam hat sie recherchiert und aufgeschrieben: In einem kleinen Bergdorf im südöstlichen Iran wird Soraya 1951 geboren. Im Alter von dreizehn Jahren wird sie verheiratet. Ghorban-Ali schlägt, mißhandelt, vernachlässigt und betrügt sie. Als die Revolution im Iran ausbricht, ist Soraya 24, Mutter von neun Kindern, vorzeitig gealtert, stumm und wehrlos geworden. Auf das Verlangen ihres Mannes, sich scheiden zu lassen, geht sie nicht ein. Da schmiedet Ghorban-Ali mit Hassan, der als frommer Mullah Einfluß über das Dorf hat, ein Komplott, das Soraya zum Opfer des grausamen islamischen Gesetzes macht, welches die Steinigung einer Frau erlaubt, wenn ihr Ehemann sich von ihr hintergangen fühlt.

«Ich habe keine Tränen mehr»

Iran: Die Geschichte des Kindersoldaten Reza Behrouzi
Aus dem Französischen von Renate Heimbucher-Bengs
(rororo aktuell 12139)

Er ist noch keine dreizehn, als er dem Druck der Mutter nachgibt und sich als «Kämpfer Gottes» für Chomeinis Armee meldet. Mit tausend anderen dieser Kindersoldaten wird Reza Behrouzi über die Minenfelder Chusistans getrieben, um den iranischen Truppen freie Bahn zu schaffen. Granatsplitter und Kugeln durchlöchern ihm den Rükken, Wirbelsäule und Beine, bevor er in irakische Gefangenschaft gerät. Freidoune Sahebjam hat die Geschichte des Jungen Reza Behrouzi aufgeschrieben.